Cerebrotes

Cerebrotes

Clara García Gorro

Rocaeditorial

Primera edición: octubre de 2024

© 2024, Clara García Gorro
© 2024, Roca Editorial de Libros, S. L. U.
Travessera de Gràcia, 47-49. 08021 Barcelona
© 2024, Mikel Rodríguez Hidalgo, por las ilustraciones

Roca Editorial de Libros, S. L. U., es una compañía de Penguin Random House Grupo Editorial que apoya la protección de la propiedad intelectual. La propiedad intelectual estimula la creatividad, defiende la diversidad en el ámbito de las ideas y el conocimiento, promueve la libre expresión y favorece una cultura viva. Gracias por comprar una edición autorizada de este libro y por respetar las leyes de propiedad intelectual al no reproducir ni distribuir ninguna parte de esta obra por ningún medio sin permiso. Al hacerlo está respaldando a los autores y permitiendo que PRHGE continúe publicando libros para todos los lectores. De conformidad con lo dispuesto en el artículo 67.3 del Real Decreto Ley 24/2021, de 2 de noviembre, PRHGE se reserva expresamente los derechos de reproducción y de uso de esta obra y de todos sus elementos mediante medios de lectura mecánica y otros medios adecuados a tal fin. Diríjase a CEDRO (Centro Español de Derechos Reprográficos, http://www.cedro.org) si necesita reproducir algún fragmento de esta obra.

Printed in Spain – Impreso en España

ISBN: 978-84-19965-01-1
Depósito legal: B-12604-2024

Compuesto en Fotoletra, S. A.

Impreso en Unigraf
Móstoles (Madrid)

RE 6 5 0 1 1

Índice

Prefacio 9

SECCIÓN 1. ¿Cómo se moldea nuestro cerebro?
1. Qué es la plasticidad cerebral 15
2. Introducción al cerebro 17
3. ¿Cómo da el cerebro lugar a la mente? 37
4. Breve historia de la neurociencia 40
5. Breve historia de la plasticidad cerebral 44
6. ¿A qué nos referimos con neuroplasticidad? 52
7. ¿Cómo nos afecta tener un cerebro plástico? 64
8. El lado oscuro de la neuroplasticidad 67

SECCIÓN 2. Descubriendo el mundo
9. Recién llegados 81
10. Periodos críticos 86
11. Quiéreme mucho 95
12. De la infancia a la edad adulta pasando
  por la adolescencia 99
13. El agua en que nadamos 107
14. Y después, ¿qué? 115

Sección 3. Hábitos saludables para el cerebro
15. Sueño 123
16. Alimentación... 129
17. Actividad física... 162
18. Aire libre y naturaleza 167
19. Relaciones sociales 175
20. Está todo en tu cabeza..................................... 181
21. Aprendiendo, que es gerundio 194

Sección 4. Eres más que tu cerebro
22. Parte de un todo.. 213
23. Más allá del individuo...................................... 216
24. Conclusiones 218

Agradecimientos.. 219
Vídeos de Cerebrotes *para ampliar conocimiento*....... 221
Bibliografía 225

Prefacio

El cerebro nos fascina. En él viven nuestros pensamientos, recuerdos y emociones, eso que solemos entender por «identidad». Gracias al cerebro percibimos nuestro entorno, nos relacionamos, aprendemos, caminamos y respiramos. Entendemos que es parte esencial de quienes somos y que, a la vez, esto nos sitúa en una posición vulnerable. Una alteración en la estructura o funcionamiento de nuestro cerebro puede cambiar nuestra percepción, estado de ánimo, memoria, comportamiento o capacidad de movernos.

Durante mucho tiempo, la comunidad científica entendió el cerebro adulto como algo inmutable. Sin embargo, hoy sabemos que el cerebro es maleable. Algo que en neurociencia se conoce como plasticidad cerebral o neuroplasticidad.

No recuerdo la primera vez que oí hablar de este tema. Una vez que incorporas un concepto, a menudo es difícil identificar el momento exacto en el que lo aprendiste, a no ser que te produjera una gran sorpresa o emoción. Sí que recuerdo, sin embargo, el entusiasmo que sentí en tercero de Biología cuando en la asignatura de Fisiología Animal entendí por primera vez cómo se comunican las neuronas entre sí.

Años después, esta fascinación por el cerebro y por la psicología me llevó a hacer un doctorado en la Unidad de Cognición y Plasticidad Cerebral de la Universidad de Barcelona. Ahí pasé cinco años investigando con técnicas de neuroimagen una dolencia neurodegenerativa poco frecuente denominada «enfermedad de Huntington». A diferencia de otras enfermedades neurodegenerativas, como el alzhéimer o el párkinson, la enfermedad de Huntington está causada por una alteración en un único gen. Esto significa que si una persona hereda el gen mutado, esta desarrollará la enfermedad. Sin embargo, los estudios sugieren que llevar un estilo de vida intelectualmente activo puede retrasar la edad a la que aparecen los primeros síntomas. Este fue uno de los temas sobre los que investigué durante mi doctorado y que me llevó a interesarme por la plasticidad cerebral.

Quizá por eso, cuando en 2019 abrí mi canal de YouTube, *Cerebrotes*, el primer vídeo que publiqué trataba precisamente sobre cómo nuestros hábitos pueden moldear nuestro cerebro.

Con este libro me gustaría trasladarte mi fascinación por la neurociencia en general y por la plasticidad cerebral en particular, y proporcionarte algunos consejos prácticos respaldados por estudios científicos sobre hábitos saludables para mantener un cerebro sano. En este libro no encontrarás mensajes de positividad tóxica ni exageraciones sobre lo que es posible conseguir cambiando de actitud. No te diré «si quieres, puedes», porque a veces no podemos, aunque queramos. Tampoco te haré promesas sobre los cambios radicales que observarás si adoptas ciertos hábitos. La plasticidad cerebral es una característica del cerebro a la que podemos intentar sacarle provecho, pero en ningún caso es una panacea. Por lo tanto, no te diré cosas como «destapa tus superpoderes reestructurando tu cerebro».

Mi intención es que entiendas mejor cómo funciona el

cerebro y que seas consciente de cómo el mundo que nos rodea y nuestros hábitos pueden influir positiva y negativamente en nuestra salud cerebral. Creo que conocer los datos que hay al respecto y comprender mejor las bases neurocientíficas detrás de tales observaciones puede animarnos a llevar a cabo los cambios que consideremos oportunos.

Este libro tampoco pretende ser un manual de neurociencia para expertos, sino un libro de divulgación científica para personas que sientan curiosidad por el cerebro. No necesitas conocimientos previos de neurociencia, aunque, si los tienes, espero que aun así aprendas cosas nuevas.

A lo largo de las páginas que siguen utilizaré distintas metáforas para que sea más fácil visualizar ciertas ideas. Sin embargo, toda metáfora tiene sus limitaciones, por lo que no serán metáforas perfectas ni siempre se complementarán bien unas con otras.

Una vez aclarado todo esto, ¡empecemos!

SECCIÓN 1
¿Cómo se moldea nuestro cerebro?

1
Qué es la plasticidad cerebral

Los neurocientíficos utilizan el término «plasticidad cerebral» (o «neuroplasticidad») para describir diferentes fenómenos. No existe una definición única, pero, a grandes rasgos, tiene que ver con la capacidad del cerebro de moldearse para adaptarse a su ambiente.

Pero ¿qué tiene que ver el cerebro con el plástico? Cuando hablamos de plasticidad, nos estamos refiriendo a la propiedad que tiene un material para ser moldeado y cambiar de forma. Un material plástico se deforma, pero no vuelve a su forma original (como sí lo haría uno elástico). Ejemplos de materiales plásticos son la arcilla, la plastilina o, efectivamente, los plásticos. En el caso de la arcilla, es plástica cuando tiene la humedad adecuada. Una vez que se termina de trabajar la pieza de arcilla y se deja secar, se volverá rígida y quebradiza. En el caso de los plásticos, solo algunos siguen manteniendo esta propiedad en su estado final, pero han podido llegar a esa forma gracias a su capacidad de moldearse, en muchos casos, a altas temperaturas. Por otro lado, la plastilina es moldeable de por vida, por lo que quizá sea la mejor analogía para hablar del cerebro.

Para hacerlo más visual, podemos imaginarnos un cerebro de plastilina. Cada experiencia que vivimos produciría una impronta en él. Conviene aclarar que estamos hablando en un sentido metafórico. No es que nuestro cerebro vaya deformándose durante nuestra vida (a no ser que sufra un traumatismo). Los cambios a los que nos referimos son de otro tipo. Antes de adentrarnos en los diferentes tipos de neuroplasticidad, vamos a hacer una introducción al cerebro y a recorrer brevemente la historia de la neurociencia para entender cómo hemos llegado hasta nuestra idea actual de plasticidad cerebral.

> ### Para recordar
>
> La plasticidad cerebral es la capacidad que tiene nuestro cerebro de cambiar con la experiencia.

2
Introducción al cerebro

Cuando hablamos de «cerebro», normalmente nos referimos al encéfalo en su conjunto, el cual comprende el cerebro propiamente dicho, el tronco encefálico y el cerebelo. Sin embargo, en el lenguaje popular, el término «encéfalo» no ha calado. Por lo tanto, a no ser que quiera hacer una distinción entre estructuras, en el resto de los capítulos de este libro hablaré de «cerebro» para referirme al conjunto de estructuras que se encuentran en el interior de nuestra bóveda craneal.

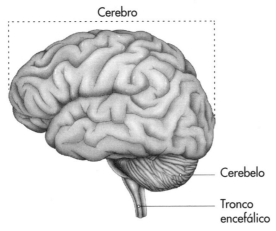

Partes del encéfalo.

Dicho esto, nuestro encéfalo está involucrado en cualquier pensamiento o acción que llevemos a cabo (a excepción de algunos reflejos). Cuando olemos café recién hecho, por ejemplo, es porque dentro de nuestra nariz existen receptores neuronales microscópicos que pueden responder ante partículas del propio café que pasan al aire y mandar esa información al cerebro, el cual identificará el olor basándose en experiencias previas. Si nos gusta el café, es muy probable que ese aroma nos produzca emociones placenteras, para las cuales el cerebro también es fundamental.

Si además de gustarnos su aroma nos gusta el sabor a café, puede que nos planteemos si queremos o no bebernos uno en este momento. Es posible que para tomar esa decisión tengamos en cuenta múltiples factores.

«¿Me da tiempo? Si hay tres personas en la cola de la cafetería y mi tren sale dentro de quince minutos, ¿es demasiado arriesgado pararme a tomar un café? ¿Están siendo rápidos los camareros? Vale, yo creo que me da tiempo. Pero, espera, son las seis de la tarde. ¿Me costará dormir esta noche si me tomo un café ahora? La verdad es que me vendría bien después de un día tan agotador».

Todo esto puede pasar por nuestra mente en unos pocos segundos. Nuestro cerebro necesita evaluar toda esa información y hacer predicciones basándose en experiencias anteriores.

Si finalmente nos decidimos a pedir un café, necesitaremos movernos para ponernos a la cola. De nuevo, sin nuestro encéfalo, no sería posible. Una vez que el cerebro decide que, efectivamente, a pesar de los posibles inconvenientes, quiere ese café y ejecuta la orden de moverse, la información viaja a través de nuestra médula espinal hasta los nervios que inervan nuestros músculos para que estos se contraigan y se relajen de manera que podamos dirigirnos hacia nuestro destino. Además, el cerebelo, en la base de nuestro encéfalo, se encargará de coordinar nuestros movimientos y mantener el equilibrio.

Al ir a pedir el café, necesitaremos pronunciar palabras para que el camarero sepa lo que queremos. Gracias principalmente a las neuronas de una región del cerebro denominada «área de Broca», podremos comunicarnos con nuestro interlocutor.

Una vez que tengamos nuestro ansiado café, podremos apreciar su sabor gracias a los receptores gustativos de las neuronas que existen en nuestra lengua, paladar y otras partes de la boca, que mandarán esa información hasta el cerebro para que la interprete. Gracias a otros receptores sensoriales, además de su sabor, también notaremos su temperatura y aroma. Si es un buen café, seguramente nuestro cerebro nos mande una señal de placer. Y digo seguramente porque, si nuestro estrés por llegar a tiempo al tren nos impide conectar con el momento presente, es posible que no lleguemos a ser demasiado conscientes de su sabor.

Además, si se trata de un café con cafeína, al cabo de menos de una hora es probable que mejore nuestra atención y nuestra capacidad de reacción gracias al efecto estimulante de esta molécula en nuestro sistema nervioso central. Es algo que consigue al unirse a receptores que se encuentran en neuronas en nuestro cerebro.

Por supuesto, durante nuestro periplo cafetero, seguiremos respirando y nuestro corazón continuará latiendo. En ambos casos, estas funciones están moduladas por el tronco encefálico, una estructura que se sitúa entre el cerebro y la médula espinal.

Como vemos, nuestro encéfalo es fundamental en cualquier momento, por trivial que parezca. Nos permite procesar información de nuestro ambiente y de nuestro estado interno y reaccionar en consecuencia. Gracias a nuestro encéfalo, sentimos hambre y saciedad, percibimos los colores y experimentamos dolor y placer.

Toda esta información nos permite mantenernos a salvo. Por lo general, aquellas cosas que nos causan placer suelen haber sido beneficiosas para nuestra supervivencia como especie a lo largo de la evolución. Por el contrario, aquello que nos causa dolor suele ser perjudicial. Por supuesto, es algo que depende mucho del contexto.

Por ejemplo, a los humanos suelen resultarnos placenteros los alimentos con un alto contenido en azúcares. Esto pudo ser beneficioso para que nuestros antepasados buscaran alimentos ricos en energía. Sin embargo, en la actualidad, una gran parte de la población tiene un estilo de vida sedentario, y por otro lado, tiene a su alcance este tipo de alimentos en cualquier momento, lo que puede hacer que consumamos más calorías de las que necesitamos.

Otro ejemplo de cómo el cerebro puede complicarnos la vida hoy en día es la ansiedad que le produce a la mayoría de las personas hablar en público. Como especie social que somos, nuestra supervivencia ha ido unida siempre a la aceptación del grupo. A lo largo de nuestra evolución como homínidos, nos hemos enfrentado a amenazas como depredadores y patógenos, pero también a amenazas a nuestro estatus en el grupo, lo que podía conllevar un menor acceso a alimentos y a potenciales parejas o, en el peor de los casos, la exclusión del grupo. Esto podía suponer una sentencia de muerte, ya que durante gran parte de la historia dependíamos de la protección del grupo para sobrevivir. Esto ha podido llevar a la selección durante el proceso evolutivo de mecanismos que detecten posibles amenazas sociales. Cuando hablamos en público, nos exponemos a que nos juzguen y nos rechacen, algo que nuestro cerebro puede interpretar como un peligro, por mucho que en la actualidad sea poco probable que nuestra supervivencia dependa de lo bien que hagamos nuestra presentación delante de un grupo de personas. Sin embargo, esta es solo una de las posibles explicaciones, ya que, en cuestiones de psicología evolutiva, las hipótesis no se pueden contrastar con experimentos. A pesar de estos ejemplos en los que nuestro cerebro no ha tenido tiempo de adaptarse al mundo moderno, podemos entender que el cerebro ha evolucionado así porque nos ha ayudado a sobrevivir y a reproducirnos. Por supuesto, en la actualidad tenemos la opción de decidir si queremos o no tener descendencia, pero los mecanismos que facilitan que eso ocurra siguen ahí.

Este «instinto» por sobrevivir y pasar nuestros genes a las futuras generaciones no es algo único de los humanos ni de los animales en general, sino de cualquier ser vivo. Por lo tanto, no es necesario tener un encéfalo para sobrevivir. Las bacterias, los hongos, las plantas y las esponjas carecen de un encéfalo o algo que se le parezca.

Sin embargo, a medida que aparecieron organismos con cuerpos más complejos, se fue haciendo cada vez más difícil regularlos; se cree que esto favoreció que se desarrollaran las neuronas y, con el tiempo, las agrupaciones de neuronas en ganglios neuronales y los encéfalos.

Ahora que tenemos una visión general de la importancia de nuestro encéfalo, profundicemos un poco más en cómo funciona, utilizando una serie de analogías.

La oficina del encéfalo

Nuestro encéfalo está compuesto principalmente por células, como el resto de nuestro cuerpo. En concreto, las principales células que podemos encontrar en él, y en nuestro sistema nervioso en general, son las neuronas y las células de la glía. Las neuronas, también llamadas células nerviosas, son las que se llevan todo el protagonismo. Son un tipo de células muy especializadas que pueden transmitir información de manera precisa, rápida y controlada. Se cree que los primeros organismos que desarrollaron neuronas fueron antepasados de los cnidarios, filo al que pertenecen animales como las medusas, las anémonas y los corales.

Por otro lado, dentro de las células de la glía existen diferentes subtipos; tradicionalmente se ha considerado que su función era meramente de soporte, aunque luego veremos que hacen mucho más que ayudar a las neuronas a sobrevivir.

Aún queda mucho por entender sobre el funcionamiento del encéfalo. Sin embargo, a grandes rasgos, sabemos que existen ciertas regiones y estructuras especializadas en funciones concretas, de manera similar a una empresa que se divide en departamentos con funciones diferentes, pero que colaboran entre sí. Siguiendo con el símil, el encéfalo sería una empresa muy eficiente en la que muchos de sus empleados (las neuronas) se comunicarían a gran velocidad entre sí, tanto dentro de un mismo equipo como entre departamentos.

En el caso de los empleados de una empresa real, se comunicarían normalmente a través del lenguaje oral, ya sea en persona, por teléfono o por videoconferencia, o por escrito, principalmente mediante correos electrónicos.

Pues bien, en el caso del encéfalo y del resto del sistema nervioso, estos empleados que serían las neuronas no circularían libremente por la oficina, sino que tendrían su sitio fijo, y necesitarían estar físicamente muy cerca los unos de los otros para poder comunicarse. Sería algo parecido a lo que hacíamos en nuestra infancia cuando nos mandábamos mensajes mediante bolas de papel que lanzábamos cuando el profesor no miraba.

En el caso de las neuronas, estas metafóricas bolas de

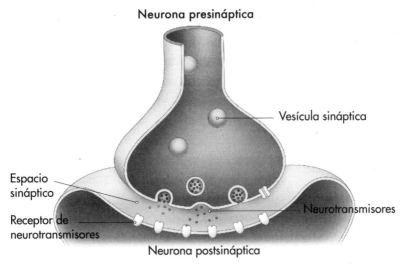

Comunicación entre neuronas a través de neurotransmisores.

papel serían los neurotransmisores, moléculas que se liberan al espacio microscópico que existe entre neuronas que no llegan a tocarse, denominado «espacio sináptico».

Existen diferentes tipos de neurotransmisores, pero, a diferencia de los mensajes que nos pasábamos en el colegio a través de bolas de papel, los mensajes que pueden comunicar los neurotransmisores no son muy sofisticados, ya que se reducen a un simple «adelante» o «detente».

Cuando una neurona recibe neurotransmisores, hace un cómputo. Si el número de mensajes excitatorios gana al número de inhibitorios, esa neurona generará un impulso nervioso y transmitirá su mensaje correspondiente a las siguientes neuronas.

Otra cosa importante que debe tenerse en cuenta es que no todas las neuronas pueden responder a cualquier neurotransmisor. Necesitan receptores específicos que se unan a esa molécula concreta. En el caso de nuestra empresa imaginaria, es como si los empleados necesitaran guantes que les permitieran agarrar distintos tipos de bola de papel según su forma.

Las neuronas serían los empleados de la empresa encargados de procesar información. En vez de departamentos de logística, finanzas, recursos humanos, marketing o comunicación, podríamos dividir el encéfalo en los departamentos de percepción, atención, memoria, lenguaje, toma de decisiones, habilidades motrices, ritmos circadianos y funciones vitales, por nombrar algunos. Eso si nos fijamos en las funciones, pero también podemos dividir el cerebro en diferentes regiones (lóbulos cerebrales) teniendo en cuenta su anatomía.

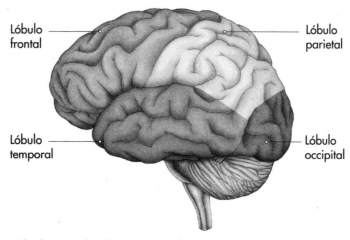

Lóbulos cerebrales.

El equivalente en nuestra empresa imaginaria sería tener en cuenta los distintos edificios o módulos del edificio. A menudo, los empleados de un departamento se encuentran en la misma zona del edificio, pero, muchas veces, para llevar a cabo un proyecto es necesario que empleados situados en diferentes plantas, edificios o incluso países colaboren entre sí. Lo mismo ocurre en el cerebro.

INTRODUCCIÓN AL CEREBRO

Además de las neuronas, en el encéfalo hay otros empleados que se encargan de mantener el encéfalo limpio y seguro, así como de ayudar a las neuronas a nutrirse y comunicarse entre sí. Estos empleados se denominan en su conjunto «células de la glía» o «neuroglia», y se dividen a su vez en tres tipos principales.

Los astrocitos cumplirían las funciones del personal de la cafetería, proporcionando alimentos a las neuronas, y del personal de seguridad, controlando quién entra en el edificio del encéfalo.

La microglía equivaldría al personal de limpieza encargado de aspirar cualquier residuo en la oficina. Además, tanto los astrocitos como la microglía pueden ayudar a las neuronas a formar nuevas conexiones entre ellas.

Por último, los oligodendrocitos ayudan a las neuronas a ser más eficientes, acelerando la comunicación entre los diferentes departamentos, de manera similar a lo que haría el personal administrativo de una empresa. Esto lo consiguen envolviendo las prolongaciones de las neuronas (axones), como si fueran tentáculos de un pulpo. Este recubrimiento recibe el nombre de vaina de mielina y hace que el impulso nervioso se transmita de manera más rápida a lo largo del axón de la neurona.

Aunque las neuronas sean los empleados que se llevan todo el mérito, no hay que olvidar que las labores de mantenimiento de la neuroglia son fundamentales para el correcto funcionamiento de nuestro encéfalo. De hecho, en los últimos años ha cambiado la imagen que se tenía de estas células como pasivas. El número de funciones en las que están implicadas sigue aumentando a medida que avanzan las investigaciones. Un ejemplo de su importancia es que los estudios sugieren que, en enfermedades neurodegenerativas como el alzhéimer, el párkinson o la enfermedad de Huntington, los fallos en las células de la glía podrían ser claves.

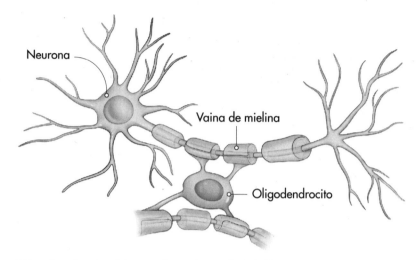

Oligodendrocito formando vainas de mielina.

Un jardín de neuronas

La analogía del encéfalo como una oficina nos ayuda a entender cómo diferentes regiones y tipos de células están especializadas en distintas funciones, a la vez que trabajan de manera conjunta con un objetivo común. Sin embargo, si queremos imaginarnos qué aspecto tienen las neuronas y cómo funcionan, tenemos que dejar atrás la imagen de las neuronas como empleados de una empresa y traer una analogía nueva: el jardín.

Existen diversos tipos de neuronas con diferentes formas y tamaños, pero, para simplificar, pondremos de ejemplo la neurona típica en la que solemos pensar cuando visualizamos una de ellas. Se denomina neurona piramidal y se encuentra principalmente en la corteza cerebral, la parte más superficial de nuestro cerebro.

Este tipo de neurona tiene un aspecto similar al de un árbol sin hojas. Las ramas serían las dendritas, las cuales se encargan de recibir los neurotransmisores que liberan las neuronas colindantes. En concreto, los puntos de conexión entre neuronas ocurren en unas pequeñas protrusiones que salen de las dendritas de las neuronas denominadas «espinas dendríticas».

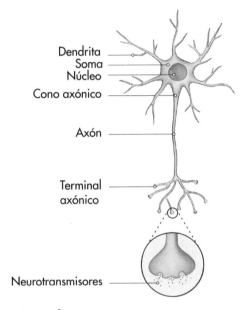

Partes de una neurona.

Si seguimos bajando por el árbol, llegaremos a la zona de la que salen las ramas antes de llegar al tronco. Esta región sería el «soma» o «cuerpo celular de la neurona», donde se encuentra el núcleo con el material genético, además de la mayoría del resto de los orgánulos. Para las células, son el equivalente de nuestros órganos. Igual que nosotros tenemos corazón, pulmones, hígado, estómago, etc., nuestras células tienen mitocondrias, aparato de Golgi, retículo endoplasmático y otros orgánulos que les permiten sobrevivir y funcionar correctamente.

En la parte inferior del soma, justo donde comenzaría el

tronco del árbol, tenemos lo que se conoce como «cono axónico». En ese punto es donde las neuronas realizan el cómputo de señales excitatorias e inhibitorias; si se supera cierto umbral, se producirá un impulso nervioso.

El tronco del árbol sería el axón de la neurona. Cuando una neurona recibe suficientes señales excitatorias, se produce una señal eléctrica que se propaga a través del axón de arriba abajo. Esta señal eléctrica recibe el nombre de potencial de acción o impulso nervioso. Cuando llega a la parte inferior del axón (lo equivalente a las raíces del árbol), los neurotransmisores que estaban guardados en saquitos (vesículas) en la parte inferior de la neurona se liberan al exterior para llegar a las dendritas de la siguiente neurona.

Como estarás viendo, la metáfora del jardín presenta sus limitaciones, ya que tendríamos que imaginarnos árboles flotantes situados a distintos niveles.

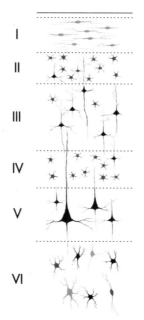

Capas de la corteza cerebral.

INTRODUCCIÓN AL CEREBRO

Por otro lado, en nuestro jardín, además de neuronas, tendríamos las células de la glía. En el caso de los astrocitos, podríamos imaginarlos como arbustos, aunque en este caso la forma ya no sería tan parecida. Los oligodendrocitos podrían ser una planta trepadora como la hiedra que envolvería los troncos de las neuronas. Y, por último, las células de la microglía serían robots de jardín que circularían cortando la hierba y aspirando a su paso hojas muertas y otros residuos.

Además, para que nuestro jardín esté en condiciones, tendremos que podar los árboles de vez en cuando y abonar el terreno. Esta poda neuronal la realizan tanto los astrocitos como la microglía. De nuevo, aquí la metáfora del jardín se nos queda corta para explicar la complejidad de nuestro cerebro. Como veremos más adelante, esta poda neuronal es un tipo de plasticidad neuronal fundamental en diferentes etapas de nuestra vida. En cuanto al abono para las neuronas, existen diferentes tipos, pero uno de los más relevantes es el BDNF (por sus siglas en inglés), cuyo nombre completo en español sería «factor neurotrófico derivado del cerebro». El BDNF es una molécula clave que ayuda a las neuronas a sobrevivir y a regular su actividad y sus conexiones sinápticas, por lo que también desempeña un papel importante en la neuroplasticidad.

Si ahora nos imaginamos un bosque o una selva, en vez de un jardín, las copas de los árboles que podríamos ver desde un helicóptero serían el equivalente a la corteza cerebral, donde se encuentran la mayor parte de los cuerpos celulares de las neuronas, que formarían lo que se conoce como «sustancia gris». Si nos adentramos en el bosque, nos encontraríamos con los troncos de los árboles. En el cerebro, el conjunto de axones recibe el nombre de «sustancia blanca».

CEREBROTES

Volando voy

Ahora que entendemos que el encéfalo funciona como una empresa con distintos departamentos que trabajan conjuntamente y visualizamos las neuronas como árboles en miniatura, introduzcamos una tercera analogía: los aeropuertos.

Hemos dicho que las neuronas no pueden moverse libremente por el cerebro como lo haría un empleado por su oficina, sino que tienen su sitio y se comunican con neuronas colindantes. ¿Cómo es posible entonces que los diferentes departamentos del cerebro se comuniquen entre sí? Está claro que una empresa en la que los empleados solo pudieran comunicarse con las personas físicamente más cercanas en la oficina no funcionaría de manera muy eficiente. ¿Qué pasaría si un empleado del departamento de marketing necesitara comunicarse con recursos humanos, pero el departamento más cercano fuera el de finanzas? Necesitaría implicar a otros empleados para pasar su mensaje, haciéndoles perder tiempo y energía en algo que no les compete.

Primero debemos tener en cuenta que existen axones de diferentes longitudes, por lo que los más largos pueden comunicar regiones distantes del cerebro entre sí. Sin embargo, es importante destacar que, aunque cada neurona está conectada con miles de neuronas, no se comunica con cada una de las neuronas del cerebro. Tampoco sería muy eficiente. Para entenderlo mejor, vamos a poner como ejemplo la red de transporte aéreo mundial.

¿Te imaginas que cada aeropuerto estuviera conectado con todos los demás aeropuertos del mundo? La cantidad de aviones, personal y tráfico aéreo necesarios para mantener un sistema así lo haría insostenible. Además, sería un desperdicio de recursos, ya que habría vuelos directos que irían casi vacíos. Por otro lado, ¿te imaginas la situación

30

contraria? Si todos los aeropuertos del mundo estuvieran conectados solo con unos pocos aeropuertos cercanos, habría conexiones para las que tendríamos que coger tantos vuelos que tardaríamos días en llegar a nuestro destino.

Lo que ocurre en la realidad es que existen unos pocos aeropuertos en el mundo que actúan como aeropuertos centrales que se encuentran conectados con muchos otros. Algunos ejemplos son los de Frankfurt, Estambul, Heathrow, Ámsterdam o Chicago. Esto permite conectar puntos muy lejanos entre sí de manera sencilla y sin malgastar recursos. Por ejemplo, una persona que quiera volar desde Atenas hasta San Diego puede hacerlo con tan solo una parada en Múnich o Heathrow. Algo similar ocurre en el cerebro. Existen diferentes regiones cerebrales, denominadas *hubs*, que se comportan como aeropuertos centrales.

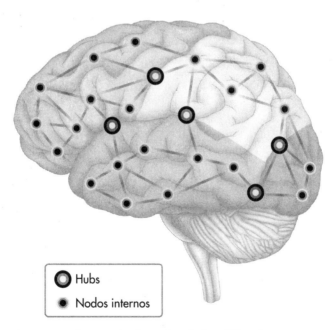

Esquema de una red cerebral simplificada con cinco *hubs*.

Se cree que la manera que tiene el cerebro de conectar unas regiones con otras ha evolucionado para minimizar el coste energético y maximizar la eficiencia con la que la información se transfiere. Mantener axones largos sale más caro que mantener axones cortos. Por un lado, al ser más largos, necesitan más energía y material de construcción, pero, además, su misma constitución hace que necesiten ser también más anchos y tengan un mayor recubrimiento de mielina para que la información entre zonas distantes no se retrase demasiado. Por todo eso, al cerebro le conviene limitar el número de axones largos, cosa que consigue teniendo un grupo limitado de regiones que se conectan con zonas distantes.

Además de ahorrar energía, la estrategia de tener unas pocas regiones muy conectadas con el resto del cerebro permite reducir el riesgo de que todo el órgano se vea afectado en el caso de una lesión cerebral. Sin embargo, si una de estas regiones hiperconectadas se lesiona, el impacto será mucho mayor que si ocurre en una región poco conectada.

De ahí que, dependiendo de dónde ocurra una lesión cerebral, las consecuencias sean mayores o menores. Volviendo al símil de los aeropuertos, las consecuencias para el tráfico aéreo global de que el aeropuerto de Villanubla en Valladolid deje de operar por un día no son comparables al caos que conllevaría que Heathrow, en Londres, cancelara todos sus vuelos durante un día.

Este tipo de organización no es única del cerebro ni de la red de transporte aéreo. Nuestras relaciones sociales también podrían verse como una red de personas conectadas entre sí donde cada individuo es representado por un punto, y las relaciones entre personas, por líneas. Aunque ahora asociemos el término «red social» a plataformas digitales que nos permiten estar en contacto con amigos, familiares, conocidos o compañeros de trabajo, es un término que se lleva utilizando en antropología y sociología desde antes de que se inventara internet.

Seguramente hayas observado que hay personas que conocen a mucha gente, las cuales a su vez se relacionan con personas que también tienen muchos contactos. En el cerebro, a este tipo de regiones se las conoce como «club de ricos». Algunas de ellas se encuentran en regiones frontales y parietales de la corteza cerebral. Otras son estructuras situadas en las profundidades del cerebro, como el hipocampo, el tálamo o el putamen.

La orquesta del cerebro

Una de las cuestiones más difíciles de entender sobre el cerebro es cómo la actividad neuronal da lugar a las distintas funciones cognitivas y a la experiencia consciente.

Aunque es útil investigar las principales funciones de las diferentes regiones del cerebro, en los últimos años se le está dando más importancia a entender cómo unas regiones se comunican con otras.

Si nos imaginamos el cerebro como una orquesta sinfónica, las diferentes familias instrumentales (cuerda, viento madera, viento metal y percusión) equivaldrían a las distintas regiones del cerebro. Todas tienen su función, pero necesitan del resto. Podríamos hacer una lista de todos los instrumentos de una orquesta y estudiarlos uno a uno para entender mejor cómo funcionan y qué tipo de sonido producen. Sin embargo, eso no nos daría una visión completa del funcionamiento de una orquesta ni nos ayudaría a entender cómo es capaz de producir las diferentes sinfonías. De igual manera que los instrumentos de una orquesta conversan unos con otros durante una pieza musical, las distintas regiones del cerebro interactúan constantemente entre sí.

Estudiar las diferentes regiones por separado puede proporcionarnos información valiosa sobre el funcionamiento del cerebro y la relación entre determinadas funciones cognitivas y estructuras cerebrales, pero no termina de ayudarnos a comprender cómo funciona el cerebro en su conjunto.

Esta conectividad entre unas regiones y otras se puede investigar de diferentes formas. Por un lado, podemos estudiar el aspecto físico, lo que en neurociencia se conoce como conectividad estructural. Es decir, qué regiones están conectadas con otras mediante haces de axones, también denominados tractos de sustancia blanca.

Por otro lado, también podemos estudiar la correlación entra la actividad neuronal de diferentes regiones, lo que recibe el nombre de conectividad funcional. Esto nos ayuda a entender qué regiones se activan en sincronía con otras. Estos patrones de actividad neuronal se pueden observar indirectamente gracias a la técnica de resonancia magnética funcional. Cuando una región del cerebro aumenta su actividad neuronal, también aumenta su demanda energética, lo que hace que reciba más oxígeno en la sangre. Esta técnica permite observar las fluctuaciones en la concentración de oxígeno de manera indirecta gracias a que eso produce cambios en la intensidad de la imagen. Para visualizarlo, es como si nos encontráramos en una sala a oscuras y no pudiéramos oír a nuestra orquesta, pero, cada vez que un instrumento sonara, este se iluminara. Esto nos permitiría ver qué instrumentos suenan a la vez y, con el tiempo, observaríamos patrones.

Algo parecido ocurre en el cerebro. Se pueden distinguir diferentes patrones de conectividad funcional. Durante un tiempo, se creyó que las diferentes regiones del cerebro se encontraban en un estado de reposo a no ser que recibieran estimulación externa a través de los sentidos. Sin embargo, hoy se sabe que las neuronas se comunican constantemente

INTRODUCCIÓN AL CEREBRO

unas con otras formando diferentes redes neuronales que se encuentran activas mientras estamos en reposo.

El cerebro humano no se limita a encontrar respuestas a preguntas, sino que se encuentra en constante actividad. Nuestra mente es capaz de experimentar sin la necesidad de producir ningún resultado o acción. A la vez, nuestro cerebro no necesita estímulo exterior alguno para estar activo.

Esta actividad intrínseca del cerebro es la responsable de que soñemos mientras dormimos, pero también de que nos perdamos en nuestros pensamientos constantemente durante el día. Seguramente te habrás dado cuenta de que no es posible dejar la mente en blanco. En cuanto lo intentamos, empezamos a recordar, pensar, imaginar, planificar... Esto es así porque nuestro cerebro nunca descansa, ni siquiera cuando dormimos.

Se sabe que cuando una persona es sometida a privación sensorial, ya sea de manera voluntaria durante unos minutos como experiencia de relajación o de manera forzada durante días como castigo en cárceles, es probable que experimente alucinaciones.

Esta actividad espontánea del cerebro podría tener que ver con su capacidad de hacer predicciones. Intenta saber constantemente qué está pasando en el mundo exterior. Para ello puede obtener información del entorno a través de los órganos de los sentidos. También puede utilizar información de experiencias pasadas gracias a la memoria. Si algo en el pasado fue de cierta manera, es posible que se repita en el futuro. Además, el cerebro es capaz de obtener información de lo que está pasando dentro del cuerpo gracias a la interocepción, que permite obtener información del ritmo cardiaco, niveles de glucosa, temperatura, etc.

Así, el cerebro puede combinar toda esa información para hacer predicciones que va contrastando con la nueva información que le va llegando. Todo lo que vemos, oímos y olemos es el resultado final de la reconstrucción que hace nuestro cerebro de las diferentes fuentes de información, atendiendo a aquellos estímulos que a lo largo de la evolución y de nuestra vida han sido relevantes, y utilizando las experiencias del pasado como guía para hacer predicciones con información limitada en un contexto determinado.

Un ejemplo de cómo el mundo que percibimos puede variar según aquello que sea relevante para nuestra supervivencia es el hecho de que los humanos no podemos ver la luz ultravioleta, mientras que muchos animales sí pueden. Por lo tanto, nuestra percepción del mundo es muy distinta a la de otros animales. Sin embargo, solemos tener la sensación de que estamos viendo el mundo tal y como es. Solo en casos como las alucinaciones o las ilusiones ópticas recordamos que nuestra experiencia del mundo no siempre se corresponde con la realidad.

Para recordar

Nuestro cerebro es un órgano tremendamente complejo. Para intentar entenderlo, podemos estudiarlo a diferentes niveles, desde las células que lo componen hasta las funciones de las diferentes regiones, las conexiones que unen áreas distantes entre sí o los patrones de actividad neuronal que se observan en reposo o al hacer determinadas tareas.

3

¿Cómo da el cerebro lugar a la mente?

La neurociencia ha avanzado mucho en su conocimiento del cerebro durante los dos últimos siglos. Sabemos que el cerebro está compuesto de neuronas y células de la glía. Entendemos que las neuronas producen impulsos nerviosos que se propagan a través de sus axones y que las neuronas se comunican entre sí por medio de neurotransmisores. Gracias a las técnicas de neuroimagen, sabemos que las diferentes funciones cognitivas son el resultado de la actividad de un conjunto de regiones cerebrales que se comunican entre sí. Sin embargo, aún no podemos responder a la pregunta principal que puede que te estés haciendo: ¿cómo esa actividad neuronal da lugar a todo lo que experimento y, en definitiva, soy?

La realidad es que aún no comprendemos cómo los miles de millones de neuronas que se encuentran en nuestro cerebro producen la actividad cerebral que subyace al conjunto de pensamientos, recuerdos, emociones y sensaciones que forman parte de nuestra mente.

El concepto de mente se usa más de manera coloquial que en ciencia, por la dificultad de definirlo de manera científica. Esta es una cuestión filosófica en la que se centra el

CEREBROTES

campo de la filosofía de la mente. Diferentes filósofos y neurocientíficos han propuesto distintas definiciones, en muchos casos lo suficientemente amplias como para englobar a otras especies y, en ocasiones, potencialmente también a seres inanimados.

Quizá te estés preguntando si la mente es lo mismo que la consciencia. Aunque estos conceptos suelan utilizarse de manera intercambiable, el científico Philip Ball explica que el concepto de mente sería más amplio y abstracto que el de consciencia.

Tampoco hay una definición única de consciencia. El neurocientífico Anil Seth distingue entre el nivel consciente, el contenido consciente y el yo consciente. El nivel consciente se refiere a la diferencia entre estar dormidos o bajo los efectos de la anestesia y estar despiertos y conscientes (valga la redundancia) de lo que ocurre a nuestro alrededor. El contenido consciente hace referencia a todo aquello que constituye nuestra experiencia consciente y forma parte de nuestro mundo interior, es decir, todo aquello que percibimos a través de nuestros sentidos, pero también nuestros pensamientos y emociones. Por último, el yo consciente tiene que ver con la experiencia de ser quienes somos. Esto incluiría la experiencia de habitar nuestro cuerpo, de percibir el mundo desde nuestro punto de vista individual y sentir que tenemos la capacidad de tomar decisiones.

Algunos filósofos creen que nunca podremos resolver el enigma de la consciencia, ya que sería como intentar vernos a nosotros mismos a través de nuestros propios ojos. Sin embargo, existen diferentes teorías de la consciencia. Aún estamos lejos de llegar a una conclusión. Algunos neurocientíficos sugieren que una red de neuronas localizadas en las cortezas prefrontal y parietal podría ser de donde surge la experiencia consciente. Sin embargo, aún no está claro si la consciencia se puede localizar en alguna región concreta del cerebro. Sea como sea, el hecho de que aún no entendamos con detalle cómo la actividad de nuestras neuronas da lugar a la experiencia consciente no significa que no haya pruebas de que la consciencia se alberga en nuestro cerebro.

En el siguiente capítulo haremos un breve recorrido histórico que nos ayudará a entender cómo ha ido cambiando la idea que tenemos de nuestro cerebro a lo largo del tiempo hasta llegar a nuestra visión actual del cerebro como un órgano plástico.

Para recordar

Aunque aún queda mucho por entender sobre cómo la actividad cerebral da lugar a la mente, sabemos que el cerebro es el responsable de nuestra experiencia consciente.

4
Breve historia de la neurociencia

Para poner en contexto el concepto de plasticidad cerebral y entender mejor la revolución conceptual que esta noción ha supuesto en la historia reciente de la neurociencia conviene echar la vista atrás para ver de dónde venimos.

Es importante destacar que, aunque los avances se van construyendo poco a poco sobre los cimientos del conocimiento anterior, el progreso no es lineal. Lo que se sabe en un momento en concreto siempre es incompleto y, a menudo, diferentes maneras de entender el mundo coexisten en el tiempo. Por otro lado, cuando revisamos la historia, hay que tener en cuenta que las ideas no existen en un vacío, ni son solo el resultado de experimentos, sino que son fruto del contexto social y tecnológico en el que se desarrollan.

Hoy puede resultarnos extraño que en el pasado hubiera un debate sobre si la mente residía en el corazón o en el cerebro. Sin embargo, durante la mayor parte de la historia, se vio el corazón como el órgano responsable de nuestros pensamientos y emociones. Esta visión es bastante intuitiva, ya que todos hemos sentido cómo nuestro corazón se acelera cuando experimentamos ciertas emociones. Sin embargo, no podemos sentir nuestro cerebro. Quizá en parte por eso, esta perspectiva ha estado presente en tantas culturas, incluidas la del antiguo Egipto y diferentes culturas nativas de América. Pero probablemente uno de los mayores responsables de que esta idea se perpetuara durante siglos fuera Aristóteles.

Es algo que aún hoy se ve en nuestro lenguaje. Hablamos de corazonadas para referirnos a la intuición; decimos que alguien tiene un gran corazón como sinónimo de que es una persona generosa; hablamos de que tenemos el corazón en un puño para referirnos a la ansiedad o el miedo. Incluso la palabra «recordar» tiene que ver con esta visión del corazón como el centro de nuestra mente, ya que, en latín, *recordari* significa «volver a pasar por el corazón». Sin embargo, a pesar de haber perdurado siglos, diferentes pensadores pusieron en duda tal idea a lo largo de la historia. Hay que tener en cuenta que durante mucho tiempo fue común confiar en los textos de la Antigüedad y basarse en la observación y el razonamiento lógico, en vez de en la experimentación para llegar a conclusiones. Además, durante gran parte de la historia, las disecciones del cuerpo humano para estudiar su anatomía estuvieron mal vistas o incluso prohibidas.

A lo largo del siglo XVII, hubo un cambio paulatino de actitud entre los pensadores europeos en favor del cerebro respecto al corazón. No hubo un experimento o disección claves para que esto se produjese, sino una acumulación gradual de conocimiento.

En el siglo XIX, se abrió un profundo debate entre quienes entendían el cerebro como una unidad indivisible y quienes defendían que distintas actividades mentales se localizaban en diferentes regiones del cerebro. La idea dominante por aquel entonces era la que se oponía a la localización de las funciones cerebrales en diferentes regiones. Sin embargo, en 1863, el cirujano francés Paul Broca publicó un artículo en el que describía ocho casos de pacientes que habían perdido la capacidad del habla y cuyo cerebro, al examinarlo *post mortem*, mostraba una lesión en todos los casos en la misma región (lo que hoy conocemos como «área de Broca»). Poco después, estos descubrimientos se vieron respaldados por más casos que indicaban también que lesiones en las regiones frontales del hemisferio izquierdo estaban relacionadas con la pérdida del lenguaje. A partir de entonces tomó fuerza la idea de que regiones concretas del cerebro se encargan de una sola función (lo que se conoce como «localizacionismo»). Precisamente, esta visión rígida del cerebro haría difícil que se aceptara la idea de un cerebro moldeable.

A finales del siglo XIX tuvo lugar uno de los descubrimientos más reveladores en el campo de la neurociencia. Hasta entonces, no se conocía la estructura microscópica del cerebro. En 1888, el investigador español Santiago Ramón y Cajal descubrió que el sistema nervioso está compuesto de entidades individuales que más tarde recibirían el nombre de «neuronas». Cajal, mejorando la técnica de tinción del anatomista italiano Camilo Golgi, consiguió observar las neuronas bajo el microscopio más detalladamente. Sus observaciones le llevaron a concluir que las neuronas no estaban fusionadas unas con otras formando una red, como defendía Golgi, sino que eran independientes, algo que hoy sabemos que es así. El descubrimiento fue reproducido por otros científicos, y pronto Cajal ganó reconocimiento internacional.

Además, Cajal descubrió las espinas dendríticas e intentó dar una explicación de cómo funcionaban las neuronas teniendo en cuenta su forma y organización en el cerebro. Para ello, usó como metáfora el mayor avance tecnológico del momento: la red de telégrafos. Cajal describió tres funciones principales de las distintas partes de la neurona: recepción (en las dendritas), transmisión (por el axón) y distribución (en el terminal axónico).

Sin embargo, Cajal era consciente de que el cerebro era mucho más complejo que el sistema de telégrafos, ya que las conexiones entre neuronas cambiaban con la experiencia. Cajal hipotetizó que el aprendizaje y la mejora progresiva de nuestras habilidades intelectuales, artísticas y motrices dependían del aumento de conexiones entre neuronas. Por lo tanto, las ideas de Cajal resultaron fundamentales para el desarrollo del concepto de plasticidad cerebral, algo que él denominaba gimnasia cerebral. Sin embargo, tanto la idea como el término de plasticidad precedían a Cajal.

Para recordar

Durante gran parte de la historia, el cerebro fue un gran desconocido. En el siglo XIX, tuvo lugar uno de los grandes hitos de la neurociencia cuando Santiago Ramón y Cajal descubrió que el cerebro estaba compuesto de neuronas individuales.

5

Breve historia de la plasticidad cerebral

En 1875, el científico británico William B. Carpenter destacó la gran capacidad del cerebro para repararse y especuló que «nuestro sistema nervioso tiende a formarse de acuerdo con el modo en que se ejercita habitualmente». Estas ideas influyeron al psicólogo y filósofo estadounidense Williams James, quien en 1890 relacionó en su obra *Principios de psicología* los hábitos con la plasticidad.

James entendía la plasticidad como la posesión de una estructura lo suficientemente débil como para ceder a una influencia, pero lo bastante fuerte para no ceder de golpe, y propuso que esta capacidad de la materia orgánica de mantenerse en el cambio aumentaría las posibilidades de adaptación de los organismos. Además, James destacó que el tejido nervioso parecía contar con una gran plasticidad. El concepto de plasticidad cerebral se estaba fraguando.

Entre 1890 y 1894, Cajal difundió su hipótesis de la gimnasia cerebral en varias publicaciones y presentaciones. Para él, la clave estaba en el número de conexiones entre neuronas, que se podía aumentar gracias al crecimiento de nuevos brotes en dendritas y axones.

Otro científico fundamental en el desarrollo del concepto de plasticidad cerebral fue el neuropsiquiatra italiano Eugenio Tanzi, quien en 1893 propuso que la actividad repetida en una vía neuronal mediante el aprendizaje y la práctica podía reforzar las conexiones existentes. Tanzi fue el primero en hipotetizar que los recuerdos y las habilidades motrices podían depender del fortalecimiento de la conexión entre dos neuronas. Vemos, por lo tanto, que, mientras Cajal hacía hincapié en el número de conexiones entre neuronas, Tanzi daba importancia a cómo de fuertes fueran esas conexiones. Hoy sabemos que la plasticidad sináptica incluye cambios de ambos tipos, pero en aquella época ni siquiera estaba completamente aceptada la idea de que hubiera un espacio entre neuronas. Sin embargo, Tanzi defendía la doctrina de la neurona de Cajal. Poco después, se acuñaría el término «sinapsis» para referirse a los puntos de comunicación entre neuronas que no llegan a tocarse, algo que Cajal denominaría de forma poética «besos».

Con la aceptación de la existencia de neuronas individuales separadas entre sí, vino otro problema. ¿Cómo podía transmitirse el impulso nervioso de una neurona a la siguiente si había un hueco entre ellas? Ernesto Lugaro, discípulo de Tanzi, sugirió que la transmisión sináptica era de naturaleza química, algo que no se demostraría hasta décadas después. Lugaro fue el primero en asociar el concepto de plasticidad con el de modificación de las sinapsis.

Sin embargo, la idea de que el cerebro es maleable perdió fuerza durante la primera mitad del siglo XX. Menos de diez años después de que Cajal sugiriera que el ejercicio mental podía hacer crecer nuevas ramificaciones en las neuronas, el científico cambió de opinión. Pasó a afirmar que, una vez que termina el desarrollo, los axones y las dendritas no pueden crecer y que las vías neuronales en el cerebro adulto son fijas e inmutables. «Todo puede morir, nada puede regenerarse», afirmó Cajal. Este sería el dogma predomi-

CEREBROTES

nante durante la primera mitad del siglo xx. Harían falta años de experimentos y diferentes descubrimientos que señalaran que el cerebro es plástico a diferentes niveles para que la neuroplasticidad volviera a contar con el apoyo de la comunidad científica.

En los años cuarenta, el psicólogo canadiense Donald Hebb, mientras estudiaba el desarrollo de la inteligencia en ratas, se dio cuenta de que las que se habían criado en su casa, en un ambiente con más riqueza de experiencias que en el laboratorio (lo que se conoce como enriquecimiento ambiental), aprendían mejor a resolver problemas cuando eran adultas. Hebb concluyó que los efectos de las experiencias durante la infancia duraban hasta la etapa adulta. Estas ideas formarían las bases de los primeros programas destinados a ofrecer apoyo en educación a niños de familias desfavorecidas. A pesar de todas sus aportaciones, Hebb ha pasado a la historia de la neurociencia principalmente por su contribución para entender las bases neuronales del aprendizaje y la memoria. Aunque desconocía los detalles moleculares de cómo ocurría, propuso que, si una neurona excita a otra de manera repetida durante un periodo prolongado de tiempo, aumenta la eficiencia de la sinapsis, es decir, se fortalecen sus conexiones. Casi un par de décadas después, en 1973, se descubrió cómo las sinapsis podían fortalecerse molecularmente. A este mecanismo fisiológico se lo denominó «potenciación a largo plazo» y hoy en día se considera la base del aprendizaje y la memoria.

Además de estos avances sobre las bases moleculares de la plasticidad sináptica, en el siglo xx se realizaron más descubrimientos que resaltaron la naturaleza plástica de nuestro cerebro a otra escala. En los años sesenta, tuvieron lugar una serie de experimentos que mostraron cómo las experiencias sensoriales podían afectar al cerebro durante el desarrollo. David Hubel y Torsten Wiesel mostraron que para que se forme bien la corteza visual durante el desarrollo es necesario recibir estimulación visual. Además, se dieron cuenta de que había un periodo de tiempo durante el cual el sistema nervioso es especialmente sensible a los estímulos del ambiente. A esto lo llamaron «periodo crítico». En el caso de gatos recién nacidos,[1] observaron que tenían que recibir algún estímulo visual entre la tercera y la octava semana de vida para poder ver. Era otra muestra de la plasticidad del cerebro (al menos durante el periodo crítico), ya que evidenciaba que el cerebro se moldea por la experiencia.

Otro de sus descubrimientos en torno a la plasticidad cerebral fue que, al tapar un ojo durante semanas en el periodo crítico, la región del cerebro que normalmente se encargaría de recibir información de ese ojo no se malgastaba, sino que empezaba a recibir información del ojo abierto. Gracias a este descubrimiento, se cambió la práctica clínica y los bebés que nacían con cataratas podían evitar la ceguera si se los operaba a tiempo. Otra aplicación es el tratamiento para la ambliopía (conocida como ojo vago) que consiste en tapar con un parche el otro ojo para forzar al niño a usar el ojo vago y desarrollar esa parte de la vía visual.

Como vemos, el conocimiento sobre la plasticidad cerebral iba avanzando poco a poco. Sin embargo, durante años imperó la idea de que este tipo de cambios solo podía ocurrir durante el desarrollo, pero no en el cerebro adulto.

---

1. Hay que tener en cuenta que muchos de los estudios con animales que se hacían antes no pasarían los comités éticos de hoy en día. Por otro lado, aunque sigue existiendo la experimentación animal, se intenta usar el mínimo número de animales posible y, por supuesto, evitarles todo daño y dolor prescindibles.

CEREBROTES

Otra de las grandes aportaciones al campo de la neuro-plasticidad fue la de Paul Bach-y-Rita, quien en 1969, junto con otros colaboradores, publicó un artículo en el que describía un aparato de sustitución sensorial que permitía a personas ciegas obtener información visual a través del sentido del tacto. El aparato consistía en una silla de dentista a la que le habían puesto puntas que vibraban y representaban los objetos capturados por una cámara que los participantes podían mover. Con entrenamiento, los participantes ciegos (adultos) eran capaces de reconocer objetos y tenían la sensación de recibir la información sensorial de la cámara, en vez de las vibraciones que recibían en la espalda. «No ves con los ojos, ves con el cerebro», solía repetir Bach-y-Rita. Para él, estos resultados eran una prueba de que el cerebro podía reorganizarse y de que había plasticidad sensorial.

Sin embargo, en aquella época, la idea dominante en la comunidad científica era que cada función cognitiva se encontraba localizada en una región concreta del cerebro, y que esto era inmutable en el cerebro adulto. Este clima de escepticismo hizo que Bach-y-Rita se encontrara con dificultades a la hora de publicar artículos científicos que incluyeran la palabra «plasticidad» en el título.

Por la misma época, otro neurocientífico estadounidense, Michael Merzenich, llevó a cabo una serie de experimentos en los que mostró que los mapas somatosensoriales del cerebro no eran estáticos. Aunque por norma general hay ciertas regiones de la corteza cerebral que se encargan de procesar la información sensorial de ciertas partes de nuestro cuerpo, Merzenich observó que, en caso de amputación, el territorio cerebral que ya no recibe información se reconfigura para recibirla de otras partes del cuerpo. El concepto era similar a lo que proponía Bach-y-Rita, solo que, en este caso, en vez de una pérdida de la vista, era una pérdida de

48

un miembro lo que provocaba la reconfiguración cerebral. Para evitar controversias, Merzenich publicó sus primeros resultados sin incluir la palabra «plasticidad».

Sin embargo, estaba decidido a mostrar que el cerebro adulto era plástico; cuando se convirtió en un investigador independiente y gozó de más libertad, continuó por esa línea. Uno de sus logros fue ayudar a inventar y perfeccionar el implante coclear para personas sordas. Este tipo de dispositivo sustituye a la cóclea, transformando los sonidos en impulsos eléctricos, los cuales se envían al cerebro. A pesar del escepticismo de muchos científicos de la época, el experimento funcionó. Para Merzenich, era una prueba más de que el cerebro es plástico, ya que la corteza auditiva era capaz de modificarse para responder a información artificial. Con el paso de los años, con más experimentos, Merzenich consiguió convencer a los más escépticos de que, efectivamente, el cerebro adulto es plástico.

Otro tipo de plasticidad cerebral que también tardaría décadas en ser aceptada por la comunidad científica en su conjunto es la neurogénesis adulta, es decir, la creación de nuevas neuronas en el cerebro humano adulto. A diferencia de otros órganos, como la piel, el hígado o los huesos, a simple vista, el cerebro humano no parece capaz de autorregenerarse. Desde las contundentes palabras de Cajal en 1928, la visión dominante durante la mayor parte del siglo XX fue que no se podían formar nuevas neuronas en un cerebro humano adulto. Con las técnicas con las que contaba en aquella época, Cajal no podía distinguir entre neuronas que se encontraban ahí desde el nacimiento y neuronas nuevas. Tampoco encontró pruebas de que las neuronas pudieran dividirse, y estaba en lo cierto. Sin embargo, eso no significa que no puedan formarse nuevas neuronas, ya que la neurogénesis tiene lugar a partir de células madre, las cuales son capaces de renovarse y de dar lugar a diferentes tipos de células.

Además de falta de pruebas de que se pudieran formar nuevas neuronas en el cerebro humano adulto, se pensaba que, si algo así fuera posible, esa neurona no podría incorporarse en la compleja red neuronal y crear miles de conexiones sinápticas sin destruir las conexiones preexistentes. Sin embargo, en los años sesenta, Joseph Altman y Gopal Das encontraron pruebas del crecimiento de nuevas células cerebrales en ratas adultas gracias a una técnica que permitía inyectar «letras» de ADN marcadas con radioactividad, de manera que la presencia de radioactividad indicaba que la molécula de ADN era nueva, y, por lo tanto, que había células nuevas. Por aquel entonces aún no se sabía que existían células madre en el cerebro adulto, lo que hacía difícil creer los resultados. Por otro lado, tampoco habían podido mostrar que esas células nuevas fueran neuronas. Sin embargo, esto se solucionó en los años setenta y ochenta gracias a Michael Kaplan, quien demostró que esas células marcadas con radioactividad en algunas regiones del cerebro de ratas tenían características de neuronas. Aun así, la comunidad científica se seguía mostrando escéptica.

La siguiente prueba de la neurogénesis en el cerebro adulto de vertebrados de sangre caliente (en peces ya se había demostrado) vino de la mano del biólogo argentino Fernando Nottebohm, quien, al estudiar cómo los canarios macho aprendían nuevas melodías cada año, se dio cuenta de que las regiones del cerebro encargadas de aprender a cantar fluctuaban de tamaño con las estaciones. En primavera, cuando los pájaros aprendían los cantos, estas regiones cerebrales aumentaban de tamaño, mientras que disminuían cuando terminaba la temporada de apareamiento y dejaban de cantar. Aunque inicialmente pensó que las variaciones en tamaño podrían deberse a cambios en dendritas y sinapsis, Nottebohm, que no conocía el trabajo de Altman y Das, se preguntó si quizá podría tratarse de nuevas neuronas. Su equipo le pidió que no hiciera saber lo que estaban investigando por temor a que los tildaran de ignorantes o estúpidos. Sin embargo, para su sorpresa, los datos sugerían que había neurogénesis. Cuando publicaron sus resultados en 1981 se dieron cuenta de que, para su decepción, no eran los primeros en encontrar nuevas neuronas en el cerebro adulto. Por otro lado, las pruebas no eran del todo concluyentes, por lo que hacían falta más experimentos. Por fin, en 1984, Nottebohm, junto con el neurofisiólogo John Paton, consiguió probar que esas células que ellos afirmaban que eran neuronas nuevas funcionaban como neuronas y eran capaces de conectarse a circuitos existentes.

Sin embargo, quedaba por demostrar que eso también ocurría en animales que se parecieran más a los humanos. En los años noventa, con los avances tecnológicos, se demostró la neurogénesis en mamíferos adultos, incluidos roedores, monos, macacos y, finalmente, en 1998, también en humanos.

Este descubrimiento fue la pieza final que mostró que el cerebro humano adulto es maleable, en contra del dogma predominante durante la primera mitad del siglo xx. Desde entonces, la investigación en torno a la plasticidad cerebral no ha parado de crecer. Sin embargo, el término neuroplasticidad sigue sin estar bien definido y en realidad incluye una variedad de procesos, como veremos a continuación.

Para recordar

A lo largo del siglo xx tuvieron lugar una serie de descubrimientos que mostraron que el cerebro humano adulto se podía moldear por la experiencia.

6

¿A qué nos referimos con neuroplasticidad?

Como hemos visto, nuestro cerebro es plástico de diferentes formas y a distintos niveles. Cuando hablamos de neuroplasticidad, podemos referirnos a cambios en moléculas, neuronas individuales, grupos pequeños de neuronas, redes neuronales y el cerebro en su conjunto. Además de la escala del cambio, podemos fijarnos en el tipo de cambio. Según esto, se puede diferenciar entre plasticidad funcional y plasticidad estructural.

La plasticidad funcional hace referencia a cambios que tienen que ver con cómo funcionan las neuronas sin necesidad de que alteren su forma o estructura. Por ejemplo, una neurona puede modificar la frecuencia con la que produce un impulso nervioso o la facilidad con la que libera neurotransmisores. Esto, a su vez, puede hacer que las conexiones sinápticas con otras neuronas se fortalezcan o se debiliten (es decir, que cuando una neurona produce un impulso nervioso sea más o menos probable que la neurona con la que hace sinapsis también se dispare).

Por otro lado, cuando hablamos de plasticidad estructural, nos referimos a cambios como la formación de nuevas ramificaciones en dendritas o axones, nuevas sinapsis, nuevas neuronas o al aumento en volumen en una región concreta del cerebro.

Algunos de estos cambios son increíblemente rápidos, mientras que otros son más lentos. Por ejemplo, las sinapsis se pueden modificar en milisegundos, las dendritas pueden crear nuevas ramificaciones o destruirlas en cuestión de horas, y en pocos días pueden crearse o morir células. Otros cambios, como la maduración del cerebro desde la infancia a la edad adulta, pueden llevar años.

Como hemos visto, la plasticidad del cerebro es evidente en el caso de personas que pierden un sentido como la vista. Con el tiempo, las regiones del cerebro que se encargaban de estas funciones acaban reutilizándose para otras. Por ejemplo, gracias a técnicas de neuroimagen sabemos que la parte del cerebro que conocemos como corteza visual primaria (porque normalmente se encarga de procesar información visual) se activa cuando una persona ciega lee braille (información táctil) o cuando utiliza la ecolocalización (información auditiva). Por lo tanto, ese territorio cerebral no queda sin usarse al perderse el sentido de la vista. Otro ejemplo de reorganización cerebral lo podemos encontrar en personas que nacen sordas, donde las regiones del cerebro que normalmente se encargarían de procesar información sonora responden ante información visual.

Aunque estos ejemplos ilustran muy bien la capacidad de nuestro cerebro de adaptarse y reconfigurarse, la plasticidad cerebral es una característica que está presente durante toda nuestra vida, sin necesidad de sufrir ningún accidente ni perder ningún sentido.

En este capítulo profundizaremos en los diferentes tipos principales de neuroplasticidad que podemos encontrar en un cerebro típico.

Plasticidad sináptica

La plasticidad sináptica es el cambio de menor escala que solemos considerar dentro del término «neuroplasticidad», aunque hay cierto debate en torno a qué podemos llamar plasticidad y qué no. Con plasticidad sináptica nos referimos a las diferentes maneras en las que las sinapsis se pueden modificar.

Nos podemos imaginar el cerebro como una selva de neuronas que compiten entre ellas para sobrevivir. En una selva, los diferentes árboles, arbustos y demás plantas luchan por conseguir un hueco de luz. En el caso del cerebro, la «luz» que mantiene a las neuronas vivas son los factores neurotróficos. Estas proteínas se almacenan dentro de las neuronas y se liberan al exterior cuando las neuronas se activan. Por lo tanto, cuando las neuronas se comunican entre sí, también se están ayudando mutuamente a sobrevivir. Como las plantas, las neuronas van a buscar como sea eso que las hace sobrevivir. Si las neuronas de su alrededor empiezan a dejar de comunicarse con ellas, extenderán sus ramificaciones en busca de nuevas amigas de las que nutrirse. Si no encuentran a nadie, finalmente morirán. Como los humanos, las neuronas no pueden vivir en la soledad más absoluta. Necesitan de su red de apoyo para sobrevivir.

Pero, además de formar nuevas ramificaciones, las neuronas pueden sufrir diferentes tipos de cambios que englobaríamos dentro de la categoría de plasticidad sináptica. Vamos a centrarnos en la neurona prototípica del cerebro, que forma sinapsis químicas con otras neuronas (es decir, que se comunica a través de neurotransmisores). Existen también las sinapsis eléctricas, donde la distancia es mucho menor entre las neuronas, y los iones responsables del impulso nervioso pueden fluir de una neurona a la siguiente, pero la gran mayoría de las sinapsis son químicas, por lo que nos limitaremos a estas.

Una vez que se liberan los neurotransmisores al espacio sináptico (el espacio que existe entre dos neuronas), estos se unen a los receptores de la siguiente neurona (llamada neurona postsináptica). Estos receptores son un tipo de proteína que está incrustada en la membrana celular de las espinas dendríticas. Algunos de los receptores son canales iónicos, es decir, estructuras que pueden abrirse formando un poro a través del cual pueden pasar iones que se encuentran fuera de las neuronas. Otros receptores están unidos a proteínas que tienen un efecto en canales iónicos de manera directa o indirecta.

La plasticidad sináptica se puede dar en diferentes puntos. Cualquier cambio que afecte a la cantidad de neurotransmisores que se liberan, durante cuánto tiempo ejercen

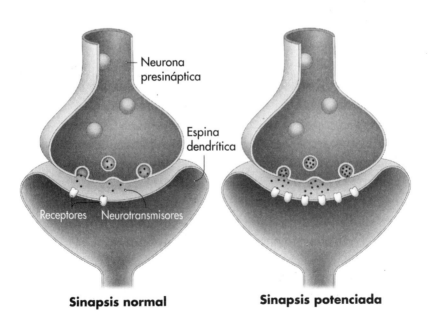

Ejemplos de plasticidad sináptica donde aumenta el número de neurotransmisores y receptores disponibles.

CEREBROTES

su función o a cuántos receptores pueden unirse puede considerarse plasticidad sináptica.

Si pensamos en la neurona presináptica, la plasticidad sináptica puede afectar a procesos como la liberación de los neurotransmisores al espacio sináptico o el reciclaje de neurotransmisores una vez que se liberan y ejercen su acción en su receptor correspondiente. En el caso de la neurona postsináptica, se han observado cambios en el transporte de los receptores de neurotransmisores hasta la membrana. Si aumenta el número de receptores disponibles en la neurona postsináptica, eso hará que sea más sensible, ya que harán falta menos neurotransmisores para que se produzca una respuesta.

Son muchos los factores que regulan la plasticidad sináptica, pero podemos destacar los astrocitos y los neuromoduladores, ya que ambos regulan la comunicación entre neuronas. Como ya vimos en el capítulo de introducción al cerebro, los astrocitos son células con múltiples funciones. Se encuentran en constante comunicación con las neuronas por medio de iones, neurotransmisores y metabolitos, lo que modula la actividad neuronal. Por otro lado, los neuromoduladores son un subtipo de neurotransmisores que regulan la comunicación sináptica mediante diferentes mecanismos, como, por ejemplo, alterando la probabilidad de que los neurotransmisores se liberen de las vesículas en las que se encuentran guardados. Si nos imaginamos un neurotransmisor típico como un mando de televisión donde las únicas señales posibles son encender o apagar, un neuromodulador sería lo equivalente a regular el brillo o el color de la pantalla.

Todos estos cambios que se pueden dar en la plasticidad sináptica son transitorios y reversibles. En función de nuestras experiencias, se fortalecerán o se debilitarán unas sinapsis u otras. Este es un proceso que ocurre durante toda la vida y que es fundamental para aprender y recordar.

Además de alterar la fuerza con la que las neuronas se conectan entre sí, nuestras experiencias también pueden resultar en la producción de nuevas sinapsis o en otros cambios estructurales en los puntos de comunicación. La formación de nuevas sinapsis comienza en el desarrollo embrionario y continúa durante toda la vida, aunque el primer año de vida parece ser el momento álgido.

Como vimos en el capítulo de introducción al cerebro, las dendritas de las neuronas, que equivaldrían a las ramas de un árbol, tienen protuberancias que llamamos espinas dendríticas, que serían como pequeños brotes que salen de las ramas. Ahí es donde las neuronas establecen sus conexiones sinápticas, por lo que cualquier cambio en la forma, el tamaño o el número de espinas dendríticas puede modificar la comunicación con las neuronas vecinas.

Las espinas dendríticas son muy plásticas y varían continuamente de número, tamaño y forma en respuesta a la actividad neuronal. A su vez, los factores neurotróficos, que, como hemos visto, podríamos considerar abono para las neuronas, pueden modificar las espinas dendríticas de forma directa o indirecta, por lo que desempeñan un papel fundamental en la neuroplasticidad. En concreto, el BDNF es una de las moléculas que más se ha investigado; los estudios indican que regula la formación de nuevas espinas dendríticas dependiendo de la actividad neuronal. Por otro lado, los astrocitos también ayudan a regular la formación de nuevas sinapsis.

Otro tipo de plasticidad sináptica que ocurre a lo largo de la vida, pero que es especialmente importante durante el desarrollo y en la adolescencia, es la eliminación de sinapsis que no se utilizan, lo que se conoce como poda neuronal. Aquí las células de la microglía realizan la labor de encontrar las señales que indican que es necesario eliminar esas sinapsis y después engullen sus componentes.

Como hemos visto, las células de la glía (astrocitos y microglía, en este caso) desempeñan un papel importante en la regulación de la plasticidad sináptica. Aunque tradicionalmente se ha considerado que las sinapsis constaban solo de dos elementos (las neuronas presinápticas y postsinápticas), en los años noventa se empezó a hablar de sinapsis tripartitas, ya que se vio que los astrocitos regulan la liberación de neurotransmisores. Por otro lado, la microglía, lejos de ocuparse solo de defender el cerebro de patógenos y de limpiar la basura celular, también tiene su particular función como escultora del cerebro. Otro tipo de célula de la glía que cuenta con un papel en la plasticidad cerebral son los oligodendrocitos, algo que se ha descubierto recientemente y en lo que vamos a profundizar a continuación.

Plasticidad de la mielina

La mielina es la sustancia que cubre los axones de las neuronas y facilita la propagación del impulso nervioso. Está compuesta principalmente de proteínas y grasas, y tiene un color blanquecino (de ahí el nombre de «sustancia blanca» para referirse al conjunto de axones mielinizados). En el cerebro, la mielina se forma gracias a los oligodendrocitos, los cuales pueden envolver varios axones a la vez.

Las vainas de mielina aíslan los axones, lo que hace que el impulso nervioso no se degrade y que aumente la velocidad de conducción. Si nos imaginamos el axón de una neurona como una manguera con pequeños agujeros, la mielina sería una cinta aislante que recubriría casi toda la manguera y ayudaría a tapar esas perforaciones. En vez de agua, en el caso de las neuronas, serían iones lo que se escaparía por esos «agujeros» (canales iónicos).

Aunque la mielina tiene un papel fundamental en vertebrados, no todos los axones están mielinizados y algunos están recubiertos por mielina solo en algunas partes. Esto da una idea de que, aunque los oligodendrocitos estén programados para mielinizar, estas instrucciones pueden regularse por señales externas. Desde hace unos años se está investigando la posibilidad de que la experiencia puede modificar la mielinización. Algunas pistas llegaron de estudios de neuroimagen de principios de los años 2000, donde se encontró que practicar piano o malabares tenía efectos en la sustancia blanca.

Actualmente, hay datos de estudios realizados con roedores que muestran que la experiencia sensorial y la actividad neuronal pueden afectar a la producción de nuevos oligodendrocitos. Además, los oligodendrocitos ya existentes pueden experimentar plasticidad en forma de variaciones en la longitud y grosor de la vaina de mielina. Tal vez, la prueba última de que la plasticidad de la mielina es relevante sería ver qué pasa si inhibimos su producción. Esto ha podido investigarse en ratones modificados genéticamente para que no pudieran producir nuevos oligodendrocitos en la etapa adulta. Pues bien, se observó que estos ratones no podían aprender a correr en una rueda compleja en la que las barras estaban colocadas de manera irregular, lo que dificultaba la tarea.

Aún falta mucho por entender los mecanismos detrás de este tipo de plasticidad, pero si una cosa está clara es que la plasticidad de la mielina y los oligodendrocitos puede influir en la actividad de las neuronas de diferentes maneras más allá de cambiar la velocidad a la que se transmite el impulso nervioso, lo cual parece tener un papel importante en el aprendizaje de nuevas habilidades.

Por último, en el siguiente apartado vamos a ver el que quizá podríamos considerar el tipo de plasticidad más radical de todos: la creación de nuevas neuronas.

Neurogénesis

Como hemos visto, la comunidad científica tardó tiempo en aceptar la idea de que se pueden formar nuevas neuronas en el cerebro humano adulto.

Hoy sabemos que la neurogénesis en mamíferos adultos tiene lugar mayoritariamente en regiones muy concretas del cerebro. Una de esas regiones principales es la zona subventricular, que se sitúa en las paredes de los ventrículos laterales del cerebro (las cavidades por donde circula el líquido cefalorraquídeo). Las células que se producen ahí migran hasta el bulbo olfatorio, una estructura que, como su nombre indica, procesa información olfativa. La otra región principal se encuentra dentro del hipocampo, una estructura subcortical (en las profundidades del cerebro) fundamental para el aprendizaje y la memoria.

Como en otros casos de neuroplasticidad, la neurogénesis también está regulada por factores externos, por lo que nuestras experiencias condicionan cuántas neuronas nuevas producimos de adultos. Algunos de los principales factores que sabemos que aumentan la neurogénesis son la actividad física, un ambiente enriquecido (es decir, un entorno que cambia y que promueve la socialización, el ejercicio y la estimulación sensorial y cognitiva) y los medicamentos antidepresivos. Por el contrario, el estrés crónico podría disminuir la capacidad de producir nuevas neuronas, al menos en ratones.

Pero ¿qué importancia tienen las nuevas neuronas que se producen? Es una pregunta para la que no tenemos una respuesta segura, aunque existen estudios que sugieren que estas neuronas están involucradas en varias funciones como el aprendizaje espacial, la memoria o la regulación del estado de ánimo.

Una posible explicación evolutiva de por qué el ejercicio

físico produce nuevas neuronas es que, en un entorno natural, andar rápido durante un tiempo prolongado normalmente implicaría recorrer largas distancias y llegar a un lugar nuevo. Esa proliferación de neuronas en anticipación al nuevo entorno podría ayudar, según esta hipótesis, a desenvolvernos mejor a la hora de aprender cosas nuevas.

A pesar de los avances, la polémica sobre la neurogénesis ha continuado. El científico que más abiertamente se ha mostrado escéptico respecto a la importancia de la neurogénesis adulta en humanos es Pasko Rakic, investigador en la Universidad de Yale, quien sostiene que el número de neuronas que se produce es demasiado pequeño para tener algún efecto significativo en humanos y que las neuronas nuevas tardan demasiados meses en madurar como para contribuir al aprendizaje y la memoria. Sin embargo, otros científicos argumentan que ese periodo de inmadurez podría ser lo que permite a las neuronas recién nacidas contribuir al funcionamiento del cerebro.

Echando la vista atrás, existen diferentes lecturas sobre por qué ha costado tanto aceptar la neurogénesis en adultos y por qué sigue habiendo cierto escepticismo sobre su importancia en humanos. Algunos científicos argumentan que los escépticos como Rakic ayudan a que los experimentos sean más rigurosos y el conocimiento avance, al pedir más pruebas inequívocas. Por otro lado, hay quienes creen que la tozudez de Rakic retrasó el avance en este campo al menos una década. Los más cínicos sugieren que su constante oposición a los descubrimientos de otros científicos como Elizabeth Gould y sus colegas, quienes encontraron neurogénesis adulta en macacos, tenía que ver con el hecho de que él no fuera capaz de encontrar los mismos resultados.

Hace unas décadas, el escepticismo era tal que Michael Kaplan, que había realizado contribuciones importantes en esta área, se vio obligado a dejar la investigación y dedicarse a la medicina, al no ver futuro en su carrera investigadora. Por otro lado, Joseph Altman, uno de los pioneros en este campo que fue ignorado durante años, reflexionaba tiempo después sobre lo sucedido, preguntándose si quizá no había dedicado suficiente esfuerzo en dar a conocer sus resultados, con la resignación de quien ha atravesado dificultades mayores en su vida. Al fin y al cabo, Altman era de origen judío y consiguió escapar de un campo de concentración.

Cuando parecía que las aguas ya estaban calmadas, en 2018 se publicó un estudio que reabrió el debate al afirmar que la neurogénesis en el hipocampo no continúa, o es extremadamente rara, en humanos adultos.

Sin embargo, algunos científicos, como Jason Snyder, de la Universidad de British Columbia, han llamado a la calma y han reflexionado sobre si la controversia que ha habido sobre este tema se debe a que nos estamos haciendo la pregunta equivocada. Para él, la cuestión de si existe o no la neurogénesis en adultos es demasiado simplista. Propone preguntarse si las diferencias entre estudios se deben solo a cuestiones metodológicas o si, por el contrario, en humanos, la neurogénesis está limitada por la edad.

En un artículo de 2019 en el que revisa los estudios en este campo, Snyder concluye que, por un lado, los estudios sobre neurogénesis en ratones suelen hacerse a edades tempranas, cuando son adultos jóvenes, en comparación con los estudios en humanos, en los que la mayoría de los participantes tienen una edad en la que la neurogénesis está ya en niveles bajos. Por otro lado, hay que tener en cuenta que el desarrollo es distinto en ratones y en humanos, por lo que los resultados no se pueden comparar directamente. En humanos, el hipocampo se desarrolla sobre todo antes de nacer, lo que deja menos oportunidad para la neurogénesis postnatal comparado con los ratones, donde esta estructura se desarrolla después del nacimiento.

Si tenemos en cuenta ambos factores, es normal que haya cierta confusión a la hora de comparar adultos humanos con ratones juveniles. Snyder explica que la neurogénesis se mantiene en niveles bajos durante la mayor parte de la vida adulta en la mayoría de las especies. Sin embargo, la adición de estas nuevas neuronas durante décadas podría tener efectos acumulativos que promuevan la salud a largo plazo.

Como vemos, aún quedan muchas preguntas abiertas, pero, sin duda, el campo de la neurogénesis cuenta ahora con el interés de la comunidad científica.

Para recordar

El cerebro es plástico a muchos niveles. En respuesta a la experiencia, se pueden crear y destruir conexiones entre neuronas, producir cambios en la mielina que recubre los axones y formarse nuevas neuronas en regiones concretas del cerebro.

7

¿Cómo nos afecta tener un cerebro plástico?

Nuestro cerebro no para de cambiar. Cada vez que aprendemos algo nuevo, visitamos un lugar por primera vez, recordamos con nostalgia un momento del pasado o tenemos una discusión, queda una huella en nuestro cerebro. Aunque solemos pensar en el ADN como el manual de instrucciones que nos hace ser quienes somos, la realidad es que ni tú ni yo seríamos como somos hoy si hubiéramos nacido en otra época, otra cultura o, simplemente, otra familia. Quiénes somos depende tanto de nuestros genes como de nuestro ambiente.

Gracias a la enorme capacidad plástica de nuestro cerebro podemos aprender de la experiencia y adaptarnos a casi cualquier entorno. Sin embargo, aunque la plasticidad cerebral *a priori* sea algo tremendamente ventajoso, no siempre más es mejor. Como en tantas cosas en la vida, en el punto medio está la clave. La neuroplasticidad es importante para aprender, pero para retener lo aprendido es necesario que haya cierto grado de consolidación de los circuitos neuronales involucrados.

Una de las hipótesis de por qué en mamíferos la neurogénesis está restringida a solo unas pocas áreas y disminuye

¿CÓMO NOS AFECTA TENER UN CEREBRO PLÁSTICO?

tanto con la edad, comparado con lo que sucede con otros vertebrados, es que una mayor complejidad cerebral y cognitiva están asociadas a unos niveles más bajos de neurogénesis para preservar el conocimiento adquirido. Reducir la neurogénesis podría ser, por lo tanto, una manera de proteger las funciones cerebrales y los recuerdos. Por otro lado, conservar la capacidad de generar nuevas neuronas en regiones restringidas del cerebro podría añadir un extra de flexibilidad para incorporar información nueva.

Aunque la neuroplasticidad nos pueda inspirar y hacer soñar con las posibilidades que se abrirían si consiguiéramos sacar el máximo partido del potencial de nuestro cerebro, es importante mantener la cautela. Ni usamos solo un 10 por ciento de nuestro cerebro ni hacer sudokus va a impedir que perdamos neuronas con el paso de los años.

Después de haber superado el dogma del cerebro como algo fijo, quizá el péndulo se haya ido demasiado hacia el otro extremo, a medida que el concepto de neuroplasticidad se ha ido popularizando en los últimos años. Como hemos visto, el término neuroplasticidad es bastante amplio y engloba desde pequeños cambios en la fuerza de una sinapsis hasta la adquisición de nuevas funciones por parte de una región cerebral tras sufrir un accidente. Va desde lo cotidiano hasta lo extraordinario. Por lo tanto, es importante especificar a qué nos estamos refiriendo cuando hablamos de neuroplasticidad.

De vez en cuando se oye en las noticias casos de personas que han llevado una vida normal a pesar de que les faltaba parte del cerebro. Aunque estos casos nos pueden fascinar, es importante recordar que suele tratarse de personas que nacieron así o sufrieron un accidente en la primera infancia, cuando el cerebro es más plástico. Si una persona sufre un accidente cerebral de adulta, es probable que tenga secuelas más o menos graves dependiendo de las zonas afectadas y la magnitud del daño. Si bien es cierto que la capacidad plástica del cerebro hace posible recuperar funciones con rehabilitación, y que los profesionales de la fisioterapia, la neuropsicología, la logopedia y la terapia ocupacional pueden ayudar mucho a personas con daño cerebral adquirido, también es importante tener unas expectativas realistas. El cerebro es plástico, pero no puede autorregenerarse completamente.

Por último, cuando pensamos en las implicaciones de la neuroplasticidad, no debemos olvidar el precio que pagamos por tener un cerebro tan moldeable por la experiencia.

> **Para recordar**
>
> La neuroplasticidad nos da flexibilidad, pero tiene sus límites.

8

El lado oscuro de la neuroplasticidad

Aunque solemos asociar la capacidad plástica de nuestro cerebro con algo positivo, no todas las consecuencias de la neuroplasticidad son deseables. Por un lado, algunos acontecimientos durante la primera infancia pueden dejar secuelas irreversibles, como veremos más adelante. Por otro, en la adolescencia y en la edad adulta dos de los ejemplos más claros de cómo la neuroplasticidad puede ir en nuestra contra son la adicción y el dolor crónico.

Como hemos visto, la capacidad de moldearse de nuestro cerebro nos permite aprender con la experiencia. Sin duda, lo más importante que aprende es a sobrevivir.

Cuando conseguimos cosas que nos ayudan a hacerlo, como comida o dinero, el cerebro aprende qué circunstancias nos han llevado a lograrlo y qué pasos debemos seguir en un futuro para volver a obtener el mismo resultado. Por el contrario, cuando la experiencia es negativa, como dolor o rechazo social, el cerebro aprende a evitar lo que nos ha llevado ahí. Por lo tanto, una de las primeras cosas que aprende el cerebro es a perseguir el placer y huir del dolor.

Adicción

Pero ¿cómo aprende el cerebro sobre el mundo que nos rodea? Una de las maneras principales es mediante las sorpresas. Cuando obtenemos algo mejor de lo que esperábamos, el cerebro toma nota. Imagina que vas a una cafetería nueva y, al beber tu café, notas que sabe especialmente bien, mejor que en las cafeterías que sueles ir. O que la persona que te atiende es más amable y sonriente que los otros camareros que conoces. En ambos casos, es probable que te acuerdes de estas gratas sorpresas y quizá el próximo día decidas ir a la cafetería con café bueno y camarero simpático. Por el contrario, si vas al supermercado buscando el yogur de la marca que te gusta, que no tienen en otras tiendas, y de repente ves que ya no está, seguramente te lleves una decepción. Si esto se repite varias veces y una de las razones por las que comprabas ahí era por ese producto en concreto, es probable que dejes de ir a ese supermercado.

Tanto las sorpresas positivas como las decepciones de este tipo (técnicamente, los errores de predicción de recompensa) están muy relacionados con la dopamina. La dopamina es un neurotransmisor que puede actuar también como neuromodulador y está involucrada en muchas funciones diferentes, dependiendo del circuito neuronal en el que participe. El circuito que nos interesa para entender el papel de la dopamina en la adicción es el circuito de recompensa, el cual ha evolucionado para indicarnos qué conductas debemos repetir para asegurar nuestra supervivencia. Con recompensa nos referimos a situaciones, actividades o sustancias que el cerebro asocia con algo positivo.

Un aumento en los niveles de dopamina en el circuito de recompensa nos indica que algo bueno ha ocurrido y debemos tenerlo en cuenta para volver a repetir esa acción en el futuro. Cuando los niveles de dopamina bajan, eso nos in-

EL LADO OSCURO DE LA NEUROPLASTICIDAD

forma de que esa recompensa que esperábamos ya no está. ¿Qué pasa si obtenemos una recompensa que ya esperábamos? En este caso, los niveles de dopamina no cambian, ya que no necesitamos actualizar la información en nuestro cerebro.

Las recompensas naturales como la comida, la bebida, el sexo o la interacción social son necesarias para la supervivencia de la especie. Sin embargo, las sustancias potencialmente adictivas secuestran el sistema de recompensa, ofreciendo una sensación gratificante sin proporcionar un beneficio real. Estas sustancias tienen en común que, de manera directa o indirecta, aumentan los niveles de dopamina extracelular en una región concreta del circuito de recompensa denominada «núcleo accumbens» en mucha mayor medida que las recompensas naturales.

Las drogas no activan ese sistema de recompensa solo cuando están ejerciendo su función, sino que lo modifican de manera que, cuando la sustancia ya no está en el cuerpo, el cerebro quiere más. Para entender cómo tal cosa es posible tenemos que empezar desde el principio.

Cuando una persona consume una sustancia psicoactiva como alcohol, nicotina, cafeína, cocaína, LSD, la psilocibina de las setas alucinógenas o el THC del cannabis, esas moléculas se unen a receptores de neurotransmisores (u otro tipo de moléculas) en algunas neuronas de su cerebro. Esto produce cambios en la percepción, pensamientos, estado de ánimo o comportamiento, dependiendo de la sustancia. Esto es posible porque estas sustancias son lo suficientemente pequeñas como para atravesar la barrera hematoencefálica del cerebro que lo protege del resto del cuerpo y porque se parecen lo suficiente a neurotransmisores u otras moléculas que se encuentran de manera natural en nuestro cerebro como para conseguir «engañar» a los receptores correspondientes.

69

Por ejemplo, el etanol (el tipo de alcohol presente en las bebidas alcohólicas de consumo humano) se une a los receptores GABA, el principal neurotransmisor inhibitorio. Esto hace que el alcohol actúe como depresor del sistema nervioso central, es decir, provoca que la actividad del cerebro sea más lenta.

La nicotina, presente en el tabaco y en los cigarrillos electrónicos o vapeadores, se une a receptores de acetilcolina, una molécula que en el cerebro actúa como neuromodulador, modificando la liberación de neurotransmisores y la excitabilidad de las neuronas.

La cafeína, presente en bebidas como el café o el té, se une a los receptores de adenosina, una molécula que actúa como neuromodulador inhibitorio y está involucrada en la regulación del ciclo sueño-vigilia. Aunque la cafeína se parece lo suficiente a la adenosina como para unirse a sus receptores, no se asemeja tanto como para ejercer su función, por lo que al ocupar el espacio de la adenosina, en realidad está bloqueando su efecto, lo que resulta en una mayor alerta y menor sensación de cansancio.

La cocaína inhibe la recaptación (es decir, la eliminación del espacio sináptico) de neurotransmisores como la dopamina o la serotonina, haciendo que ejerzan durante más tiempo su función. Sin embargo, esto no termina de explicar sus efectos y hay pruebas de que se une a otros receptores.

El LSD y la psilocibina activan los receptores de serotonina, un neurotransmisor con múltiples funciones, entre las que se encuentran la regulación del estado de ánimo, la percepción, la memoria y la respuesta al estrés.

El THC, el principal componente psicoactivo del cannabis, se une a los receptores cannabinoides, a los cuales se unen también los endocannabinoides. Como nos indica el prefijo «endo», los endocannabinoides son moléculas que tenemos en nuestro cuerpo de manera natural y están impli-

EL LADO OSCURO DE LA NEUROPLASTICIDAD

cadas en la regulación de diferentes funciones como el sueño, el estado de ánimo y el apetito.

Los opioides son un grupo de compuestos que se unen a los receptores opioides de nuestro organismo. De manera similar a lo que hemos visto con el sistema endocannabinoide, en nuestro cuerpo existen moléculas denominadas opioides endógenos que se unen a estos receptores, disminuyendo el dolor. Un ejemplo de opioide endógeno son las endorfinas que se producen en respuesta al dolor y al estrés. En el caso de los opioides exógenos, estos pueden provenir de la planta de la adormidera (también conocida como amapola real) o sintetizarse en el laboratorio. Puede tratarse de medicamentos contra el dolor o de drogas como la heroína, pero en ambos casos la capacidad adictiva es muy grande. Estos compuestos, además de unirse a los receptores que controlan el dolor, aumentan de manera indirecta los niveles de dopamina. Esto ocurre porque reducen los niveles del neurotransmisor GABA, el cual actúa como freno de las neuronas que producen dopamina. Al quitar este freno, por lo tanto, los niveles de dopamina se disparan.

Aunque no todas las sustancias psicoactivas tienen el potencial de producir adicción (por ejemplo, el LSD o la psilocibina no parecen ser adictivos), la mayoría pueden producir dependencia y llegar a ser adictivas (lo cual no quiere decir que todo el mundo vaya a acabar teniendo una adicción si las consume).

Aquí tenemos que diferenciar entre tolerancia, dependencia y adicción. Que una persona desarrolle tolerancia a una sustancia significa que con el tiempo necesitará más cantidad para obtener el mismo efecto. Esto es muy común con el alcohol o con algunos tipos de medicación para ayudar a dormir, como las benzodiacepinas, por ejemplo. Que alguien sea tolerante a una sustancia no significa que esa persona vaya a desarrollar una adicción, pero es algo a lo que conviene prestar atención.

La dependencia física a una sustancia tiene que ver con los síntomas que experimenta el cuerpo al dejar de consumir esa sustancia. El cuerpo empieza a necesitar ese compuesto para funcionar con normalidad y al quitárselo aparecen síntomas de abstinencia. La cafeína es un claro ejemplo de una sustancia común que tiende a causar dependencia en muchas personas. Si te acostumbras a tomar café todas las mañanas, es posible que, cuando no lo hagas, experimentes dolor de cabeza, fatiga o dificultad para concentrarte. En este punto podríamos decir que eres dependiente de la cafeína, lo cual no significa que tengas una adicción. De hecho, la cafeína no tiene un gran potencial adictivo. Al consumirla no produce una sensación de placer comparable a otras sustancias y en general suele ser fácil dejar de consumirla en unas pocas semanas si uno se lo propone, disminuyendo la dosis paulatinamente. Y si, en vez de dejarlo poco a poco, paras repentinamente de consumir cafeína, los síntomas de abstinencia no son muy fuertes. Otras sustancias que suelen producir dependencia física son la nicotina y los opioides. En el caso de los opioides, los síntomas de abstinencia pueden llegar a ser graves, por lo que se suele recomendar ir reduciendo el consumo poco a poco. Sin embargo, si la persona ha desarrollado una adicción, esta estrategia no será suficiente.

Aunque la dependencia física a una sustancia pueda desencadenar una adicción, no tiene por qué ser así y, por otro lado, se puede llegar a tener una adicción sin depender físicamente de una sustancia. De la misma manera, se puede tener una adicción a cosas que no son sustancias, como en el caso de la adicción al juego.

Lo que caracteriza la adicción es la pérdida de control sobre el impulso de consumir la sustancia (o participar en ciertas actividades) a pesar de las consecuencias negativas. Aquí es donde la neuroplasticidad se vuelve en nuestra contra, al alterar el circuito de recompensa del cerebro a largo plazo.

Como hemos visto, diferentes sustancias psicoactivas se unen a distintos receptores en las neuronas de nuestro cerebro, pero, de una manera u otra, todas aumentan los niveles de dopamina. Sin embargo, estos aumentos de dopamina ocurren solo en las fases iniciales. Con el tiempo, el consumo excesivo repetido de una droga suele ir asociado a una disminución de dopamina en el núcleo accumbens y una mayor participación de otras regiones colindantes encargadas de adquirir hábitos. Esto encaja con el cambio que se suele dar en la adicción, pasando de un consumo voluntario en búsqueda de un efecto placentero o de alivio a convertirse en un hábito; finalmente, llega a ser un consumo compulsivo.

Pero ¿qué tiene que ver la neuroplasticidad con la adicción? Una sola dosis de alcohol, nicotina, cocaína o benzodiacepinas fortalece la conexión entre algunas neuronas. Estos cambios funcionales, que pueden durar hasta una semana, suelen ir acompañados de cambios estructurales. Se ha visto que las drogas aumentan el número de espinas dendríticas en regiones del sistema de recompensa, algo que podría tener que ver con el alto riesgo de recaída cuando existe una adicción.

Por otro lado, además de ser esencial para aprender, la dopamina tiene otra función que tiene mucho que ver con la adicción: la motivación. Si pensamos de nuevo en la función del sistema de recompensa desde un punto de vista evolutivo, para conseguir aquello que nos mantiene vivos y asegurar la supervivencia de la especie necesitamos contar con la motivación para perseguir esas cosas a pesar de las dificultades. Cualquiera que haya visto un documental de naturaleza habrá podido comprobar los tremendos esfuerzos que una leona está dispuesta a hacer para conseguir comida para ella y su familia, por ejemplo. Si alguna vez has hecho una excursión larga por la naturaleza en un día caluroso y se te ha olvidado la cantimplora, habrás notado en tus propias carnes la desesperación y la motivación que sientes por encontrar una fuente para aliviar tu sed. Pues bien, algo similar ocurre en la adicción. Al activar de manera artificial el sistema de recompensa del cerebro, el uso prolongado de drogas puede aumentar la motivación por conseguirlas, lo que hace difícil superar una adicción a pesar de querer dejarlo.

Además del circuito de recompensa, con el uso continuado de drogas también se ven afectadas otras regiones involucradas en la memoria y las funciones ejecutivas (las habilidades que nos permiten planificar, resolver problemas o tener autocontrol).

Por lo tanto, la activación excesiva del sistema de recompensa mediante ciertas sustancias y la capacidad de nuestro cerebro de moldearse con la experiencia nos hacen vulnerables a desarrollar adicciones. En el caso de las adicciones que no están asociadas a sustancias, sino a comportamientos, sucede algo parecido, aunque los mecanismos moleculares están menos claros. Uno de los motivos por los que los juegos de azar tienen potencial adictivo es por el componente de aleatoriedad e incertidumbre. Esto no es único de los humanos. Se ha observado que tanto otros mamíferos como las aves responden más ante señales que predicen recompensas con un componente de azar que si la recompensa es segura. Además, si se les da a elegir, normalmente prefieren la opción de una gran cantidad de comida, aunque sea poco probable que la consigan, a la opción de una pequeña cantidad de comida con total seguridad. Es decir, lo opuesto al dicho «más vale pájaro en mano que ciento volando», o lo equivalente al «hemos venido a jugar» de los concursos de televisión.

Una posible hipótesis que sugieren algunos científicos para explicar este tipo de comportamientos en el reino animal es que cuando algo es poco predecible es necesario recurrir a la motivación para compensar. Es decir, para que un animal persevere en una tarea en la que no tiene ninguna seguridad de conseguir la recompensa, sería necesario, según esta hipótesis, que al animal le motivara la incertidumbre.

Otra de las cosas que nos motivan de los juegos de azar son los casi-aciertos, fallos que nuestro cerebro interpreta de manera positiva como una señal de que estamos mejorando y necesitamos seguir practicando, aunque se trate de un juego en el que nuestra habilidad no tenga importancia alguna.

Aunque se podría hablar mucho más sobre la adicción, nos podemos quedar con la idea de que el hecho de que nuestro cerebro sea plástico nos hace también vulnerables a desarrollar adicciones, aunque, por supuesto, hay muchas variables que contribuyen a tener un mayor o menor riesgo. Quizá pueda resultar irónico que esa misma capacidad de moldearse de nuestro cerebro sea lo que, al mismo tiempo, haga posible salir de una adicción.

Dolor crónico

Otro efecto no deseado de la neuroplasticidad es el dolor crónico. Por muy molesto que sea el dolor físico, tiene la importante función de mantenernos sanos y salvos. Si al hacer algo sentimos un intenso dolor, lo más probable es que paremos inmediatamente, lo que evita que la herida o la lesión empeoren. Piensa por ejemplo en qué ocurre si, mientras estás cocinando, te haces un corte en el dedo. Te detienes inmediatamente. Si no sintieras dolor, no te darías cuenta del corte hasta que este fuera mucho más profundo. El dolor también nos ayuda a evitar situaciones peligrosas en el futuro. Imagina a un niño de un año que pone la mano en el fuego. Con suerte, no volverá a hacerlo. Por otro lado, cuando sufrimos una lesión, como un esguince o una fractura, el dolor hace que no queramos mover esa parte del cuerpo, lo que puede ayudar a que el tejido dañado se repare. Para que esto ocurra, las neuronas debajo de nuestra piel que reciben la información de dolor y la envían hasta la médula espinal y las que transmiten esa información desde la médula espinal hasta el cerebro sufren cambios plásticos que hacen que estímulos que antes eran neutros ahora se perciban como dolorosos. El problema viene cuando estos cambios perduran en el tiempo aun cuando el tejido ya no está dañado. Además, la parte de la corteza cerebral que se encarga de procesar la información somatosensorial (tacto, dolor, presión, temperatura, etc.) también puede modificarse, en ocasiones aumentando de tamaño, y en otras, disminuyendo.

Recientemente, se ha propuesto una nueva categoría de dolor denominada dolor nociplástico para referirse al dolor causado por estos cambios plásticos que llevan a un procesamiento del dolor aumentado. Así, este tipo de dolor quedaría diferenciado de los otros dos tipos: el dolor nociceptivo (causado por inflamación y daño en los tejidos) y el dolor neuropático (causado por daño en los nervios). Los síntomas del dolor nociplástico pueden incluir un dolor más extendido o intenso de lo que se esperaría dada la zona afectada, además de fatiga y problemas de sueño, estado de ánimo y memoria. Hay estudios que sugieren que la microglía podría estar implicada en este tipo de dolor, al alterar los circuitos del dolor, remodelando las sinapsis o produciendo factores de crecimiento.

Además, existe una relación entre el dolor crónico y la

depresión. Quizá estés pensando que, obviamente, es fácil que una persona que experimenta dolor durante mucho tiempo acabe por sufrir problemas de salud mental derivados de ese malestar y de dejar de hacer ciertas actividades como consecuencia de este. Sin embargo, aunque esta explicación puede ser válida, se ha observado que la relación entre dolor crónico y depresión es bidireccional. Las personas con dolor crónico tienen mayor riesgo de sufrir depresión, pero las personas con depresión también tienen más riesgo de sufrir dolor crónico.

Aunque aún queda mucho por entender, existen datos que muestran que esto puede deberse a dos motivos. En primer lugar, una mayor susceptibilidad a sufrir depresión también podría conferir una mayor susceptibilidad a experimentar dolor crónico. En segundo lugar, los cambios cerebrales que tienen lugar durante la depresión podrían alterar cómo el cerebro percibe el dolor. Los estudios sugieren que los mecanismos de neuroplasticidad que hay detrás del dolor crónico coinciden en gran medida con los de la depresión, afectando a las mismas regiones cerebrales, vías de señalización y neurotransmisores.

Además de la neuroplasticidad, otros procesos fisiológicos que parecen involucrados en el dolor crónico, como la inflamación, también se relacionan con la depresión.

Por otro lado, la experiencia de dolor va más allá de la sensación física. También incluye emociones y procesos cognitivos. El dolor crónico suele angustiar y es difícil ignorarlo. Sabemos que la experiencia de dolor puede verse influida por factores como nuestros niveles de estrés y hambre, distracciones, estado de ánimo y nuestras experiencias previas con dolor. Como hemos visto en otros capítulos, el cerebro hace predicciones continuamente de todo lo que ocurre a nuestro alrededor.

Las expectativas que tenemos sobre cuánto nos va a do-

CEREBROTES

ler algo pueden influir en cómo lo sentimos. Al fin y al cabo, el dolor, por muy real que lo notemos, no deja de ser algo que nuestro cerebro construye, igual que en el caso de los colores o los sonidos.

Quizá estés pensando que tus expectativas no cambian lo que ves u oyes, pero sí que lo hacen. Las ilusiones ópticas y auditivas son un ejemplo de cómo nuestro cerebro interpreta de manera diferente la información que le llega dependiendo del contexto. En el caso del dolor, además de las neuronas que llevan información del cuerpo a la médula espinal y de ahí al cerebro (la llamada «vía ascendente del dolor»), existen neuronas que envían información desde el cerebro hasta la médula espinal («vía descendente del dolor») y modulan el dolor al liberar opioides endógenos. Este es el sistema analgésico natural de nuestro cuerpo, aunque, por supuesto, los opioides endógenos no son ni mucho menos igual de potentes que los exógenos que se usan como drogas o fármacos.

Ahora es más fácil entender cómo nuestro estado fisiológico y expectativas pueden modular la sensación de dolor.

Como vemos, la capacidad plástica de nuestro cerebro puede tener consecuencias negativas. Sin embargo, es también lo que nos permite aprender acerca del entorno que nos rodea desde antes incluso de nacer. Son las dos caras de la misma moneda.

Para recordar

El lado oscuro de la neuroplasticidad incluye el dolor crónico y la capacidad de desarrollar adicciones.

SECCIÓN 2
Descubriendo el mundo

9

Recién llegados

Los seres humanos llegamos al mundo completamente dependientes de nuestros cuidadores. Si nos comparamos con otros animales que son capaces de dar sus primeros pasos o agarrarse a sus madres casi nada más nacer, parece que los humanos nazcamos con nuestro cerebro a medio construir. Esto hace que el ambiente físico y social desempeñe un papel fundamental en el cableado del cerebro, es decir, en cómo unas neuronas se conectan con otras. A medida que llega información a nuestro cerebro del mundo que nos rodea, algunas neuronas se activan a la vez de manera más frecuente que otras, lo que hace que unas conexiones se fortalezcan y otras se pierdan. Igual que en nuestras relaciones personales muchas veces nos es más fácil mantener la conexión con aquellas personas con las que estamos en contacto de manera más frecuente, las neuronas acaban perdiendo la conexión si no se comunican a menudo entre sí.

Unas pocas semanas después de la concepción, se forman las primeras neuronas, que migrarán a sus regiones correspondientes. Sobre la vigésima semana, las neuronas empiezan a conectarse unas con otras. Entre la semana vigésima y la vigésimo tercera ya se forman conexiones de larga distancia en los sistemas sensoriales que permiten al feto detec-

81

CEREBROTES

tar información del exterior. Poco después, algunos axones empiezan a ser envueltos por mielina, aunque, cuando nacemos, aún quedan muchos axones por mielinizar, algo que ocurrirá poco a poco a lo largo de la vida hasta que alcanzamos los veinticinco años aproximadamente.

El sistema visual no se vuelve funcional hasta después del nacimiento, mientras que el auditivo ya empieza a detectar sonidos en la mitad de segundo trimestre del embarazo, lo que permite a los recién nacidos reconocer sonidos que han oído desde el útero y distinguir la voz de su madre de la de otras personas.

Algo que quizá pueda resultar contraintuitivo es que nacemos con muchas más neuronas y conexiones de las que tenemos de adultos. Durante el desarrollo de nuestro cerebro se eliminan muchas células mediante una muerte celular programada. También se destruyen las conexiones neuronales que no son necesarias mediante la poda neuronal. Aunque pueda parecer que no tiene sentido nacer con más neuronas y sinapsis de las que necesitamos, esto nos da la oportunidad de adaptarnos a nuestro ambiente concreto, ya que nuestro cerebro contiene multitud de posibilidades, y será la experiencia y nuestro entorno los que determinarán por qué camino seguir.

De manera similar a un escultor que parte de un trozo de piedra del que tiene que ir eliminando materia para llegar a la obra final o un jardinero que recorta los arbustos para darles la forma que desea, el cerebro parte de una maraña de neuronas que tiene que ir podando para dejar solo aquellas que tienen una función en ese ambiente específico, con la diferencia de que el cerebro nunca termina de moldearse.

Por supuesto, esto no quiere decir que nuestro material genético no tenga relevancia alguna. Los genes desempeñan un papel importante en el desarrollo de nuestro cerebro (y de todo el organismo en general), ya que contienen la información para construir proteínas, las cuales se encargan de hacer prácticamente todo en las células. Sin embargo, los genes no se expresan todo el rato (es decir, no producen las proteínas correspondientes continuamente), sino que se pueden encender o apagar en función del ambiente. Pero ¿cómo es eso posible?

Delante de cada gen hay un fragmento de ADN denominado «promotor» que actúa como interruptor. Para que el promotor «encienda» a su gen correspondiente necesita que se le una un tipo de proteína denominada «factor de transcripción».

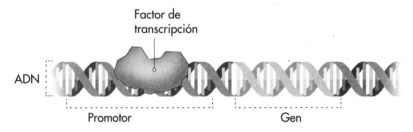

Esquema de un factor de transcripción uniéndose al promotor de un gen.

Cada gen puede estar regulado por varios factores de transcripción. A la vez, un factor de transcripción puede activar más de un gen, por lo que múltiples genes suelen activarse al mismo tiempo. Y precisamente lo que regula que se produzcan o no esos factores de transcripción es el ambiente. Cuando decimos ambiente podemos estar hablando de diferentes niveles, desde lo que está pasando dentro de la neurona, a lo que ocurre en la de al lado, en el organismo o en el mundo exterior. Por lo tanto, el ambiente en el que crecemos tiene un papel fundamental en la expresión de nuestros genes. Además, puede hacer que un factor de transcripción no sea capaz de unirse a su promotor, lo que silenciaría el gen. Este sería un ejemplo de cambio epigenético.

A diferencia de los cambios genéticos, las modificaciones epigenéticas son reversibles y no afectan a la secuencia de ADN en sí misma (lo que de manera coloquial llamamos las «letras» del ADN). Por el contrario, estas modificaciones epigenéticas consisten en añadir o quitar grupos químicos a la secuencia de ADN o las histonas (las proteínas sobre las que se enrolla el ADN para formar los cromosomas), entre otros mecanismos. Estos cambios regulan la expresión de los genes y, de nuevo, es el ambiente el que condiciona que ocurran o no.

El entorno desempeña un papel muy importante en el desarrollo del cerebro incluso antes de nacer. Durante el neurodesarrollo, las células precursoras de las neuronas proliferan, migran a sus destinos y se convierten en neuronas maduras. Por lo tanto, cualquier factor ambiental que interfiera en este proceso, en la formación de sinapsis o en la poda sináptica puede tener consecuencias para toda la vida. Como podemos imaginar, la salud y los hábitos de la madre durante el embarazo pueden impactar de manera considerable en el desarrollo del sistema nervioso del feto y en la salud del bebé en general. Por ejemplo, el consumo de alcohol y tabaco aumentan la probabilidad de que el bebé tenga problemas cognitivos, entre otros riesgos.

En ocasiones, los cambios epigenéticos también se pueden heredar. Por ejemplo, se ha observado que si el padre presenta déficits nutricionales antes de la concepción, eso puede afectar al estado metabólico de los hijos e incluso de los nietos. Otro ejemplo es que el consumo de alcohol en padres biológicos se asocia a puntuaciones cognitivas más bajas y a mayor riesgo de trastorno por déficit de atención e hiperactividad en sus hijos. Por lo tanto, no solo importan la salud y hábitos de la madre durante el embarazo, sino que también lo que ocurre antes de la concepción en ambos progenitores puede afectar al neurodesarrollo del bebé.

Una vez que llegamos al mundo, nuestro cerebro sigue moldeándose por la experiencia. Algunas de esas experiencias son esenciales; si no tienen lugar durante una ventana de tiempo determinada, los cambios neuronales asociados no podrán ocurrir. Esto tiene como consecuencia la pérdida de la oportunidad de desarrollar las funciones cerebrales asociadas a estos patrones de conectividad. Es lo que se conoce como periodos críticos del desarrollo.

Para recordar

Nuestro cerebro se moldea por el ambiente desde que empieza a formarse.

10
Periodos críticos

Dos ejemplos de funciones con periodos críticos son la visión y el lenguaje.

En el caso de la visión, como ya hemos visto en el capítulo 5, necesitamos recibir estímulos visuales al poco tiempo de nacer para que los circuitos visuales se desarrollen correctamente. Los problemas de visión que tienen lugar pronto en el desarrollo llevan asociados grandes cambios en la corteza visual y problemas de visión en la etapa adulta. Sin embargo, en los últimos años, diversos estudios han mostrado que el periodo crítico para el desarrollo visual se puede alargar si se retrasa el momento de exposición a la luz, lo que indica que los tiempos no son tan rígidos como se creía antes, sino que dependen de la experiencia.

Algo interesante que debe tenerse en cuenta es que los sistemas sensoriales se influyen mutuamente. En concreto, se ha visto en roedores que el comienzo de la experiencia visual cierra el periodo crítico para el desarrollo del sistema auditivo. Es decir, que, cuando empiezan a ver, el sistema auditivo ya no puede seguir desarrollándose. En humanos, se ha observado que en bebés prematuros hay un mayor riesgo de trastornos basados en problemas auditivos, como retrasos en la adquisición del lenguaje. Algunos investigadores hipotetizan

PERIODOS CRÍTICOS

que, en el caso de los bebés prematuros, la exposición temprana a la luz podría hacer que el periodo crítico para el desarrollo del sistema auditivo se termine de manera precipitada e impida un desarrollo normal del procesamiento auditivo. Si esto fuera así, mantener a esos bebés en un entorno oscuro durante las primeras semanas de vida podría ser buena idea.

Por otro lado, cada vez hay más pruebas de que los mecanismos de plasticidad responsables del desarrollo del sistema visual no se pierden completamente con la edad, sino que existen mecanismos moleculares que actúan como frenos de la plasticidad. Experimentos en ratas han mostrado que uno de esos frenos son cambios epigenéticos que regulan la expresión del gen que produce BDNF, el abono de las neuronas. Por lo tanto, si se consiguen dilucidar los detalles moleculares de estos frenos en humanos, quizá en un futuro se podrían inhibir estos frenos temporalmente para recuperar cierta plasticidad en el sistema visual en casos de personas con ojo vago, por ejemplo.

En el caso del lenguaje,[2] seguramente todos somos conscientes de que no es lo mismo aprender un idioma de pequeños que de adultos. Cuando somos bebés, no necesitamos hacer un esfuerzo consciente por aprender una lengua. Simplemente, por exposición, llegamos a ser capaces de entender ese idioma y hablarlo con fluidez. Por eso decimos que lo adquirimos, para enfatizar que es un proceso natural e inconsciente y diferenciarlo del aprendizaje consciente y explícito que tiene lugar en la etapa adulta cuando queremos aprender un segundo idioma.

---

2. Lenguaje, en este contexto, es la capacidad innata de comunicación compartida por todos los seres humanos. Con lengua o idioma nos referimos a un sistema específico de comunicación (por ejemplo, el inglés, el catalán o la lengua de signos española).

CEREBROTES

Es cierto que si nos mudamos a un país donde no hablan nuestro idioma, a veces podemos deducir hasta cierto punto por el contexto qué significan algunas palabras o frases. Sin embargo, este proceso, lejos de ser automático, requiere de toda nuestra atención y será difícil que lleguemos a poder comunicarnos en ese idioma sin preguntar a nadie o buscar en un diccionario qué significan esas palabras o cómo construir frases en pasado, presente y futuro, por ejemplo. De adultos solemos recurrir a la enseñanza formal para que nos enseñen de manera explícita aspectos como el vocabulario, la fonética y la gramática de un idioma.

Los bebés pueden hacer esto increíblemente bien. No necesitan que nadie les explique qué es un verbo, un sustantivo o un adjetivo, cuántos géneros hay en ese idioma ni cómo se forma el futuro o el pasado. Tampoco necesitan que les enseñen explícitamente las normas de cuándo usar el subjuntivo o en qué casos se emplea el verbo «ser» y en qué casos el verbo «estar» (algunas de las quejas más comunes entre personas no hispanohablantes cuando aprenden español). Si preguntas a un hablante nativo por qué algo es así en su idioma, o cuáles son las normas, lo más probable es que no tenga una respuesta (a no ser que lo haya estudiado explícitamente). Pensará en ejemplos para intentar deducir cuál es el patrón, pero no tendrá una lista de normas en su cabeza. En cambio, cuando aprendemos un segundo idioma en la etapa adulta de manera formal, yendo a clases, con libros o vídeos, solemos aprender ciertas normas que nos ayudan.

Los bebés hacen todo esto de manera mucho más automática. Pero ¿cómo lo consiguen? Una de las hipótesis dominantes es que su cerebro utiliza el aprendizaje estadístico.

Para dominar un idioma, necesitamos dos pasos fundamentales: identificar palabras y entender cómo se relacionan entre sí para formar estructuras sintácticas. Para ello, el cerebro de un bebé hace lo que más le gusta: encontrar patrones para poder hacer predicciones.

Mientras estás leyendo estas líneas, los espacios en blanco entre palabras ya te indican dónde empieza y dónde acaba cada una de ellas. Sin embargo, al hablar, se enlazan unas con otras. Cuando oyes un idioma que no entiendes, es difícil saber dónde empieza y dónde acaba cada palabra (*comosiestuvierasleyendoestesegmentosinpausas*). Pero si escuchas atentamente durante suficiente tiempo, es posible que empieces a detectar patrones que te darán pistas de qué combinación de sílabas forma probablemente una palabra. Si oyes muchas veces la sílaba «ca» seguida de «sa» en medio de otras sílabas que varían, quizá llegues a la conclusión de que «casa» es una palabra. Esto es lo que hace el cerebro de un bebé de pocos meses de manera automática.

Con las reglas gramaticales de un idioma ocurre algo parecido. En este caso, en vez de prestar atención solo a elementos adyacentes dentro de una frase, los bebés se fijan en elementos que están separados entre sí. Por ejemplo, al escuchar frases como «está sonriendo» o «estás jugando», un bebé es capaz de notar esa relación entre el verbo estar y la terminación del gerundio, lo que hará que, cuando empiece a decir frases completas, sepa seguir las normas gramaticales de su idioma y no diga frases como «estoy sonreír» o «estoy jugaré».

Por supuesto, todo esto requiere tiempo; los bebés no interiorizan estas reglas a la primera. Uno de los aspectos que los ayuda a identificar palabras y reglas gramaticales es la prosodia de sus cuidadores al hablar, lo que comúnmente se conoce como la «música del lenguaje». Habrás observado que la mayoría de los adultos utilizan una manera de hablar particular cuando se dirigen a bebés; la denominada «habla dirigida a bebés». Tendemos a utilizar un tono más agudo y a hablar más despacio, separando bien cada sílaba

CEREBROTES

y exagerando la pronunciación de las vocales. Todo eso ayuda a los bebés a la hora de aprender una lengua.

Hasta ahora hemos comparado la adquisición del lenguaje en nuestra primera infancia con el aprendizaje de un segundo idioma en la etapa adulta, pero no hemos hablado de periodos críticos. La mayoría de los estudios en torno a este tema se han centrado en investigar hasta cuándo podemos aprender una segunda lengua sin esfuerzo y al mismo nivel que nuestra primera lengua. Por experiencia, sabemos que las personas que están expuestas a una segunda lengua en la infancia, aunque no sea simultáneamente a su lengua materna, pueden alcanzar un nivel que es difícil de distinguir del de un hablante nativo. Por supuesto, esto dependerá también de las características de cada individuo y del grado de exposición. No es lo mismo oír inglés en el colegio tres horas a la semana que ir a un colegio donde todas las asignaturas se imparten en ese idioma por profesores nativos o que tu familia se mude a un país angloparlante. Estos dos últimos casos serían ejemplos de aprendizaje inmersivo de una lengua. Sin embargo, una vez que somos adultos, aunque vivamos veinte años en un país con otro idioma y practiquemos a diario, en la mayoría de los casos un hablante nativo notará que no es nuestra primera lengua. Por un lado, es probable que sigamos cometiendo algún error gramatical de vez en cuando, y por otro, que nuestro acento nos delate.

En cuanto a la gramática, para conseguir un nivel de competencia nativo, la edad máxima para empezar la inmersión lingüística sería alrededor de los 10-12 años. En el caso del aprendizaje no inmersivo, la edad límite se sitúa aproximadamente en los nueve años.

Por lo tanto, la primera década de vida parece fundamental. Hacia los 17-18 años, nuestra capacidad de aprendizaje lingüístico se reduce considerablemente y continúa

PERIODOS CRÍTICOS

disminuyendo a lo largo de nuestra vida. Esto no quiere decir, ni mucho menos, que no podamos conseguir un buen nivel en un segundo idioma en la etapa adulta, solo que seguramente será más difícil que lleguemos al nivel de un nativo.

Pero ¿por qué ocurre esto? La realidad es que no podemos saberlo con certeza. Existen diferentes hipótesis. Podría tratarse de un cambio de plasticidad cerebral durante la adolescencia, un periodo en el que el cerebro experimenta muchos cambios. Sin embargo, hay más factores que deben tenerse en cuenta más allá de la neuroplasticidad y del cerebro en general. Es posible que la ventaja en la infancia se deba en parte a que la primera lengua aún no ha llegado a un nivel tal que pueda interferir de la misma manera en el aprendizaje de un segundo idioma. Otras hipótesis incluyen una mayor disposición de los niños a experimentar y cometer errores en comparación con los adultos o una disminución en las oportunidades que se tienen de aprender idiomas al llegar a la etapa adulta.

Además, no hay que olvidar que hay adultos que dominan una segunda lengua en mucho menos tiempo de lo que podrían haber conseguido en la infancia, gracias a una mayor madurez cognitiva y experiencia previa de aprendizaje, entre otros factores. Sin embargo, algo que sigue siendo difícil de conseguir para los adultos es la pronunciación nativa, es decir, hablar sin acento extranjero.

El acento no tiene que ver solo con la incapacidad de producir esos sonidos, sino también de diferenciarlos de otros. Cuando nacemos, podemos distinguir los sonidos de cualquier idioma. Sin embargo, pronto aprendemos a prestar atención a aquellos sonidos que oímos frecuentemente y, con el tiempo, dejamos de ser capaces de distinguir ciertos sonidos que no existen en nuestro idioma. Los sonidos que oímos en los primeros doce meses de vida determinan en gran parte los que seremos capaces de distinguir de adultos. Algo importante para aprender nuevos sonidos durante este periodo crítico es la interacción social. Se ha visto que los bebés de nueve meses son capaces de aprender a distinguir un nuevo sonido si viene de alguien que interactúa con ellos en persona. En cambio, si el sonido viene de un vídeo o una grabación de audio, los bebés no aprenden al mismo nivel.

Se cree que esta ventana temporal del primer año de vida puede responder a la poda sináptica que ocurre en la primera infancia, de manera que el cerebro se moldea para tener éxito en el ambiente en el que se está criando. ¿Quiere decir esto que una vez que somos adultos es imposible aprender los sonidos de una segunda lengua si no existen en la nuestra? No necesariamente. Con tiempo y esfuerzo, y, sobre todo, con alguien que nos enseñe la diferencia y nos corrija, es posible poder pronunciar como un nativo (o parecido) palabras con sonidos que no existen en nuestro idioma. Aun así, no todas las personas son capaces de conseguirlo.

Todavía recuerdo mi asombro cuando me enteré de que, en inglés, la «a» de «cat» (gato) no era la misma «a» del castellano ni la «i» de «it» (eso) se pronunciaba igual que la «i» del castellano. De ahí vienen muchos problemas de comunicación cuando visitas o te mudas a un país angloparlante. No sabes por qué no te entienden, si lo estás diciendo claramente, pero es que en realidad estás usando los sonidos de tu idioma y los hablantes nativos creen que estás diciendo otra palabra. Por ejemplo, puede que entiendan «cut» (corte) en vez de «cat», o «eat» (comer) en vez de «it». ¿Ser consciente de esto te va a permitir pronunciar perfectamente todas las palabras? No necesariamente, pero al menos puedes intentar evitar algunos malentendidos. Con perseverancia, muchas personas pueden llegar a pronunciar algunos sonidos bastante bien, pero es difícil pronunciar todos los sonidos que no existen en tu primera lengua igual que un nativo. Por supuesto, esto no es nada de lo que avergonzar-se, pero no te sorprendas si descubren que eres hispanoha-blante con solo decir «hello».

Como hemos visto, la interacción social no es solo importante para incorporar los sonidos de una lengua, sino para la adquisición del lenguaje en general. Hasta ahora nos hemos centrado en el periodo crítico de una segunda lengua, pero ¿qué ocurre si no estamos expuestos a ninguna lengua en nuestros primeros años de vida? Por desgracia, existen casos de niños que crecieron en aislamiento absoluto sin estar expuestos al lenguaje en sus primeros años de vida, lo que nos ha permitido saber que, aunque es posible adquirir vocabulario más adelante, la gramática no se logra adquirir con normalidad.

Otro caso que nos ayuda a entender el periodo crítico de la adquisición del lenguaje es el de los niños con problemas auditivos de nacimiento que se crían sin aprender lengua de signos en familias que usan lenguaje oral. En su caso, no reciben suficiente información lingüística hasta que se les proporciona audífonos o implantes cocleares, y muchos cometen errores gramaticales en su lengua nativa. Sin embargo, hay muchas variables que influyen, como el grado de pérdida auditiva, el tipo de aparato que utilicen y la edad a la que empiezan a recibir información lingüística. Es precisamente este último factor el que parece tener mayor impacto en el resultado.

Por otro lado, los bebés que nacen sordos y se crían con familias sordas en las que se usa la lengua de signos desde el primer día experimentan un desarrollo típico del lenguaje.

Como vemos, por lo tanto, el papel de los cuidadores en la adquisición del lenguaje y en nuestro desarrollo es fundamental. En el siguiente capítulo vamos a ver con más detalle la importancia de este vínculo y cómo la plasticidad cerebral no solo se observa en la infancia.

Para recordar

La visión y el lenguaje son dos ejemplos de funciones que tienen un periodo crítico para desarrollarse con normalidad.

11

Quiéreme mucho

Cuando nacemos, no sabemos a qué tenemos que prestar atención y son nuestros cuidadores quienes nos dan pistas con su mirada y su entonación. Para que un bebé crezca sano y se desarrolle con normalidad, no basta con alimentarlo. Necesita que lo abracen, lo miren y le hablen. Desafortunadamente, sabemos qué es lo que ocurre cuando tales necesidades básicas no se cubren.

Durante el régimen de Nicolae Ceauşescu en Rumanía en la segunda mitad del siglo XX, cientos de miles de bebés fueron criados en orfanatos como consecuencia de las políticas que restringían el acceso a anticonceptivos y al aborto. En muchos de esos orfanatos, los bebés carecían de estimulación o interacción social más allá de la necesaria para alimentarlos y cambiarles el pañal. Los bebés no lloraban, seguramente porque nadie los atendía cuando lo hacían, por lo que aprendían que no servía de nada. Años después, los científicos que investigaron a esas criaturas concluyeron que la negligencia y la ausencia de estímulos en los primeros años de vida tienen un impacto en el cerebro y que los efectos pueden durar toda la vida. De adultos, muchos de estos niños tenían un menor volumen cerebral, menos cociente intelectual y más síntomas de trastorno de déficit de atención e hiperactividad.

Hoy sabemos que la estimulación y la interacción con los cuidadores son fundamentales para que el cerebro de un bebé forme conexiones con normalidad. El ejemplo de los orfanatos de Rumanía confirmó, con ayuda de técnicas de neuroimagen, algo que ya se sospechaba y que ayudó a entender el efecto concreto de la interacción social en el neurodesarrollo. Sin embargo, ya había ejemplos anteriores de cómo separarse de sus madres tenía efectos perjudiciales para los bebés. A finales del siglo XIX y principios del siglo XX, en Europa era común hospitalizar a bebés sin permitir a sus familiares estar en contacto directo con ellos, para evitar el contagio de gérmenes. En aquella época se ponía el énfasis en prevenir infecciones y en proporcionar una buena nutrición con leche materna. Sin embargo, a pesar de las medidas de higiene, la mortalidad en los hospitales infantiles era alta. Aunque a principios del siglo XX algunos pediatras ya abogaban por el cuidado natural de los bebés por parte de las madres en oposición al cuidado institucional, hasta mediados de siglo no ganó peso la idea de que el vínculo con la madre es esencial para el bienestar del bebé.

Para que el vínculo se forme de manera efectiva, en el cerebro de la madre se producen también una serie de cambios. Con resonancias magnéticas, se ha podido observar que durante el embarazo se producen una serie de modificaciones en la estructura y en la función del cerebro que parecen asociados con cambios en el comportamiento de las madres en preparación para la llegada del bebé, como la aparición del vínculo con el feto o el instinto de anidamiento que lleva a organizar y preparar el hogar antes del nacimiento de la criatura. Además, se ha observado que algunos de estos cambios cerebrales se mantienen al menos seis años después de dar a luz.

Algo que puede sorprender es que durante el embarazo algunas regiones de la corteza cerebral pierden volumen.

Las regiones afectadas forman parte de diferentes redes funcionales (grupos de neuronas de distintas regiones que se activan a la vez). Algunas de las regiones que menos recuperan su volumen durante el periodo de posparto pertenecen a la red neuronal por defecto, que es clave para la cognición social y el procesamiento autorreferencial (es decir, información que tiene que ver con nosotros mismos). Se cree que los cambios en esta red podrían reflejar una reestructuración profunda de la autopercepción de las madres y ayudarlas a empatizar con sus hijos.

Aunque la mayoría de los estudios se han centrado en madres y en los cambios durante y después del embarazo, asimismo hay estudios que han investigado qué ocurre en el cerebro de los padres con la llegada de su primer hijo. Pues bien, también se han encontrado cambios estructurales en el cerebro de padres, aunque parecen ser menos pronunciados y afectar a menos regiones que en el caso de madres biológicas. Una posible explicación es que haya modificaciones que tengan que ver con el embarazo, mientras que otras dependan de la experiencia de la crianza. Sin embargo, es importante estudiar otros grupos de personas para entender mejor el impacto de la crianza en el cerebro más allá de los cambios que se producen durante el embarazo, como, por ejemplo, madres adoptivas o madres no gestantes en parejas de mujeres.

Más allá de las posibles diferencias entre madres y padres, o entre los cambios producidos por el embarazo y los que son consecuencia de la crianza, está claro que ser responsable de una criatura cambia tus prioridades y requiere de una serie de adaptaciones cerebrales que son posibles gracias a la plasticidad cerebral. Por otro lado, la gran plasticidad cerebral en los primeros años de nuestra vida hace que seamos especialmente vulnerables a nuestro entorno durante este periodo. Por supuesto, como ya sabemos, la neuroplasticidad no termina en la infancia. En el siguiente capítulo vamos a ver cómo la plasticidad de nuestro cerebro varía a lo largo de la vida.

Para recordar

El vínculo entre el bebé y sus cuidadores es esencial para un desarrollo sano. Para que esto ocurra, el cerebro de los cuidadores experimenta una serie de cambios.

12

De la infancia a la edad adulta pasando por la adolescencia

Como hemos visto, el vínculo entre los cuidadores y el bebé es esencial para su correcto desarrollo. Somos una especie tremendamente social, por lo que entender a quienes nos rodean es fundamental. A los nueve meses aproximadamente, ya somos capaces de diferenciar expresiones faciales de felicidad, tristeza o enfado. Sin embargo, a esa edad todavía no hemos desarrollado la empatía. A los dieciocho meses empezamos a darnos cuenta de que diferentes personas pueden tener emociones y preferencias distintas a las nuestras. A los dos años, podemos comenzar a comunicar lo que queremos. A los tres, somos capaces de expresar lo que creemos que es cierto, pero todavía no somos conscientes de que otras personas pueden tener creencias erróneas. Entre los cuatro y cinco años empezamos a poder verbalizar lo que otras personas piensan y a reconocer que puede ser diferente de lo que nosotros pensamos. Todo esto es posible gracias a la enorme capacidad de nuestro cerebro de aprender de nuestro entorno. En el caso de trastornos del desarrollo como el autismo, suele haber dificultades a la hora de entender las creencias de los demás; la edad a la que se alcanzan muchos de estos hitos del desarrollo suele ser posterior.

Como ya sabemos, durante el desarrollo temprano, nuestro cerebro es especialmente plástico, lo que hace que las experiencias durante los primeros años de vida tengan un gran impacto. En la etapa adulta, el cerebro continúa siendo plástico, pero no al mismo nivel. De lo contrario, sería difícil consolidar lo que vamos aprendiendo. La formación de circuitos neuronales estables hace que sea más complicado adquirir nuevas habilidades cuando somos adultos. Pero más allá de la neuroplasticidad (que tiene que ver con cambios que son consecuencia de la experiencia), es importante tener en cuenta que el cerebro no termina de desarrollarse en la infancia.

Desde que nacemos hasta los seis años, nuestro cerebro cuadruplica su volumen, a pesar de que apenas se producen nuevas neuronas. A los seis años, ya tenemos un 90 por ciento del volumen final de nuestro cerebro. En el caso de la sustancia blanca, su volumen aumenta considerablemente en varias regiones cerebrales durante la infancia y la adolescencia. Esto puede deberse a un aumento del número de axones, al engrosamiento de los ya existentes o a su mielinización (seguramente, una combinación de todo). Como hemos visto en capítulos anteriores, la mielina hace que las neuronas se comuniquen entre sí de manera más rápida, por lo que este proceso de mielinización permite que las diferentes regiones cerebrales se coordinen mejor entre sí. Hacia los treinta o cuarenta años, la sustancia blanca deja de aumentar de volumen y se estabiliza.

En cuanto a la sustancia gris (compuesta por los cuerpos celulares de las neuronas), se ha observado que diferentes regiones de la corteza cerebral aumentan de volumen durante la infancia para después disminuir considerablemente en la adolescencia, pasando a estabilizarse entre los veinte y los treinta años. Esta disminución de sustancia gris no significa necesariamente que un gran número de neuronas muera durante la adolescencia. Se cree que puede ser una combinación de dos factores principales. Por un lado, es posible que ocurra una poda sináptica que ayude a refinar las conexiones cerebrales. Por otro, la mielinización de los axones tal vez contribuya a la disminución de la sustancia gris observada. Si tenemos en cuenta que la mielina es lo que da su color a la sustancia blanca, si aumenta la mielinización, veremos menos sustancia gris en una imagen de resonancia magnética.

¿Cuándo termina de desarrollarse el cerebro para convertirse en uno adulto? Es difícil responder a esta pregunta, ya que cada región se desarrolla a velocidades distintas y termina de hacerlo a edades diferentes. En general, cuanto más tiempo tarde en madurar una región cerebral, mayor será la influencia del ambiente y menor la de los genes. La última región en madurar en los humanos, tanto en número de sinapsis como en mielinización y metabolismo, es la corteza prefrontal, que se encuentra, como su nombre indica, en la parte delantera de nuestro cerebro, a la altura de la frente. Esta región es clave para mantener la atención, planificar o inhibir conductas inadecuadas, entre otras funciones que suelen considerarse aspectos cruciales de la cognición humana. De hecho, la corteza prefrontal ocupa alrededor del 30 por ciento de la superficie cerebral. Sin embargo, no termina de madurar hasta los treinta años de edad aproximadamente. Esta maduración tan tardía implica asimismo que ninguna otra región cerebral va a ser tan moldeada durante la adolescencia como la corteza prefrontal.

Los estudios sugieren que la adolescencia es una época de vulnerabilidad, en la que el cerebro es especialmente susceptible a las experiencias ambientales. Un ejemplo es el hecho de que muchos problemas de salud mental tienden a comenzar durante la adolescencia. Además de la poda sináptica, durante esta etapa también se da un reajuste de varios sistemas de neurotransmisión. Se cree que ambos procesos facilitan que la comunicación entre neuronas resulte eficiente cuando llega al estado adulto, pero, a la vez, estos cambios podrían hacer que el cerebro adolescente sea particularmente sensible.

Aunque suele haber un componente genético que confiere cierta vulnerabilidad a problemas de salud mental, algunos factores ambientales aumentan el riesgo. En algunos casos, estos factores ambientales podrían incluso ser necesarios para que se desencadene el problema.

Cuando queremos investigar las causas relacionadas con problemas de salud mental o enfermedades en humanos, por cuestiones éticas obvias, no podemos realizar experimentos para comprobar si diferentes factores pueden ser la causa, por lo que nos tenemos que limitar a la observación de lo que ocurre en la población.

Esto hace que sea complicado dilucidar causa y efecto, ya que el hecho de que exista una correlación entre dos variables no implica necesariamente que una cause la otra, y, de ser así, no siempre es fácil saber cuál es la dirección de la causalidad (es decir, qué causa qué). Por ejemplo, se ha observado que un uso prolongado de cannabis durante la adolescencia se asocia con un mayor riesgo de desarrollar esquizofrenia unos años después. Sin embargo, también sabemos que el consumo de cannabis es más frecuente en las personas con esquizofrenia que en la población general, por lo que para distinguir causa y efecto es importante considerar la opción de que un consumo de cannabis durante la adolescencia sea un síntoma y no una causa. Podría ser que, al empezar a escuchar voces o experimentar paranoia, esos adolescentes recurrieran al cannabis como forma de lidiar con sus emociones. Sin embargo, estudios que han tenido esto en cuenta y que no han incluido a aquellos adolescentes

DE LA INFANCIA A LA EDAD ADULTA PASANDO POR LA ADOLESCENCIA

que padecían síntomas que podrían confundirse con indicios tempranos de esquizofrenia sugieren que fumar cannabis en esa etapa de la vida aumenta el riesgo de desarrollar este trastorno, al menos en aquellas personas con una predisposición genética. Por otro lado, estudios que han investigado el riesgo genético de tener esquizofrenia y de abusar del cannabis sugieren que, si bien la causalidad es bidireccional, hay más indicios de que el riesgo de esquizofrenia predice la probabilidad de iniciar el consumo de cannabis.

Por supuesto, el cannabis es solo parte del puzle de la esquizofrenia. Otros factores de riesgo son las complicaciones durante el embarazo y el parto, el aislamiento social, haber sufrido trauma infantil, experimentar adversidades asociadas a la migración o vivir en ambientes urbanos.

Además de la esquizofrenia, otros problemas de salud mental como depresión, ansiedad, trastornos de la conducta alimentaria y adicciones suelen comenzar también en los años de transición de la niñez a la edad adulta. De nuevo, es difícil tratar de diferenciar el impacto de los diferentes factores biológicos y ambientales.

Dejando a un lado los problemas de salud mental, durante la adolescencia tendemos a mostrar más interés por vivir experiencias nuevas y asumir más riesgos. Es una etapa en la que intentamos encajar en el grupo, pero, sobre todo, en la que forjamos nuestra identidad. Por primera vez nos planteamos quiénes somos y cómo nos perciben los demás. Comenzamos a desarrollar un sentido de la moralidad más complejo, a ser más conscientes de la realidad política y social en la que vivimos, desarrollamos gustos musicales y de moda, y empezamos a sentirnos parte de ciertos grupos. En la adolescencia temprana, entre los once y los catorce años aproximadamente, es común tener la sensación de que todo el mundo te está evaluando constantemente. Durante la adolescencia también desarrollamos la capacidad de hacer introspección, es decir, de examinar y entender nuestras emociones y pensamientos, así como de evaluar cómo de seguros estamos de nuestras propias decisiones.

Durante esta época de nuestra vida, las amistades se convierten en una prioridad y somos especialmente susceptibles a la presión social, aunque, por supuesto, existen muchas diferencias individuales y hay adolescentes a los que no les importa lo que los demás piensen de ellos.

Por otro lado, los procesos cognitivos que dependen de la corteza prefrontal, como la capacidad de inhibir respuestas automáticas y de razonar, también se desarrollan durante esta etapa. Hay estudios que sugieren que el aprendizaje de algunas habilidades como el razonamiento no verbal (asociado con el desempeño matemático) tiene un mayor efecto en la adolescencia tardía y el comienzo de la edad adulta comparado con fases más tempranas de la adolescencia. Esto nos da una idea de que no siempre aprender algo antes es mejor, ya que puede que nuestro cerebro aún no esté preparado para ello.

Como vemos, que el lóbulo prefrontal tarde tanto en madurar influye en la búsqueda de novedad, las dificultades de regulación emocional y la priorización de la pertenencia al grupo, tan típicos de la adolescencia. Pero ¿por qué tarda tanto en madurar esta parte de nuestro cerebro? ¿Presenta alguna característica especial que haga que precise de más tiempo para terminar de formarse? En principio, no parece el caso. Contiene el mismo tipo de neuronas y neurotransmisores, y tanto la densidad como la complejidad de las conexiones resulta similar a otras regiones cerebrales. Si la evolución ha seleccionado esta maduración tardía de la corteza prefrontal, ¿es posible que confiera alguna ventaja? Algunos científicos proponen que la adolescencia nos concede la oportunidad de aprender de la experiencia para que de adultos podamos navegar por situaciones complicadas y tomemos la decisión adecuada según el contexto. La complejidad social de nuestra especie hace que esto sea de gran relevancia.

Por lo tanto, aunque el desarrollo y la plasticidad cerebral son conceptos distintos, están relacionados. Como vemos, las áreas que se terminan de desarrollar antes cuentan con una ventana temporal más corta de neuroplasticidad, cosa que se asocia con el concepto de periodos críticos de la infancia. En cambio, aquellas regiones que tardan más en terminar su desarrollo continúan con un alto grado de plasticidad durante más tiempo, lo que las hace más susceptibles a moldearse por la acción de las experiencias vividas en la adolescencia.

Aunque nos hemos centrado sobre todo en medidas estructurales para hablar de maduración y desarrollo, como el número de sinapsis o el grado de mielinización, también hay medidas funcionales que nos permiten estudiar el desarrollo del cerebro y el grado de plasticidad. Una de ellas es el tipo de actividad intrínseca cerebral, es decir, cómo las neuronas se activan espontáneamente cuando estamos en reposo. En concreto, los periodos de gran plasticidad se caracterizan por una actividad neuronal de mayor amplitud y una sincronización más grande entre diferentes regiones. A medida que la corteza cerebral madura y se vuelve menos plástica, la actividad intrínseca disminuye y pasa a ser menos sincronizada y más distribuida. Se cree que tal refinamiento de la actividad intrínseca podría responder al aumento de los neurotransmisores inhibitorios y a la mielinización de los axones.

Utilizando la técnica de resonancia magnética funcional para medir la actividad intrínseca cerebral en humanos, se ha observado que la neuroplasticidad disminuye primero en las regiones motoras y sensoriales, incluidas áreas visuales y auditivas, mientras que las denominadas regiones asociativas, involucradas en solución de problemas y aprendizaje social, experimentan más tarde esa disminución en la plasticidad. Esto concuerda con lo que hemos visto sobre los periodos críticos durante la primera infancia y la importancia del ambiente durante la adolescencia en el moldeado de la corteza prefrontal.

Así pues, observamos que la plasticidad nos hace permeables al contexto en el que vivimos. Teniendo en cuenta todo esto, podemos asumir que la cultura en la que nos criamos tendrá una gran influencia en el desarrollo de nuestra manera de ver el mundo.

Para recordar

Nuestro cerebro no termina de madurar hasta la tercera década de vida. La adolescencia es una etapa en la que formamos nuestra identidad y en la que nuestro entorno tiene un gran impacto.

13

El agua en que nadamos

Se dice que la cultura es para los humanos lo que el agua para los peces. La cultura nos rodea y nos acompaña allá donde vamos. Es imposible que no nos afecte, ya que estamos sumergidos en ella. Sin embargo, a menudo no somos conscientes de su presencia.

Existen diferentes definiciones de cultura, pero de manera intuitiva podemos quedarnos con la idea de que tiene que ver con la transmisión no genética de cómo hacemos las cosas y cómo pensamos. En este sentido, los humanos compartimos muchos elementos. A lo largo de la historia, multitud de grupos en diferentes partes del mundo han inventado de manera independiente cosas como la agricultura, la escritura o el sistema monetario. Algunos antropólogos incluso proponen que existen ciertos elementos culturales que son universales, como los mitos, los rituales, el concepto de justicia, los adornos corporales, la danza, los nombres, la distinción entre el bien y el mal, la música, el humor, las prohibiciones o el lenguaje, por nombrar unos pocos.

A pesar de todo lo que nos une, existen también muchas diferencias culturales. A veces no somos conscientes de que un elemento de nuestra cultura no está tan extendido hasta que viajamos a otro país y nos damos cuenta de que lo que para nosotros es normal, para otros es extravagante o curioso. Más allá de las diferencias en costumbres en torno a horarios, comida o formas de entretenimiento, hay partes de nosotros que *a priori* pueden parecer más íntimas, como los valores, que también se han visto influidas por nuestra cultura. Las personas que trabajan en empresas multinacionales en las que han de interactuar con equipos de diferentes países suelen tener que lidiar con malentendidos o frustraciones precisamente por la tendencia a asumir que lo que para nosotros es normal, de buena educación, lógico, razonable o gracioso, lo es para todo el mundo, sin detenernos a pensar que para personas de otras culturas puede no serlo.

Una de las diferencias psicológicas entre culturas que más se ha estudiado es el contraste entre el individualismo y el colectivismo, constructos que resumen diferencias respecto a cómo lo individuos se relacionan con la sociedad de la que forman parte. En las sociedades individualistas, se tiende a percibir a los individuos como separados unos de los otros y a considerar que la sociedad existe para promover el bienestar de sus integrantes. Se valora positivamente la independencia y los logros personales. Por el contrario, en las sociedades colectivistas, hay una tendencia a ver a los individuos como conectados entre sí, formando parte de relaciones y grupos, y se espera que las personas se amolden a la sociedad a la que pertenecen. En estas culturas se valora más la armonía y la conformidad con las normas.

Por supuesto, cuando se habla de estas diferencias, nos referimos a tendencias generales, pero siempre habrá personas muy individualistas que se han criado en sociedades colectivistas, y viceversa. Por otro lado, hay que tener en cuenta que la mayoría de los estudios que han investigado tales diferencias lo han hecho comparando países de Occidente (habitualmente, Estados Unidos) con países de Asia oriental (principalmente, China), por lo que hay que tener cuidado con las extrapolaciones. Además, no podemos considerar Occidente y Oriente[3] como entidades monolíticas, ya que dentro de estos grupos existen a su vez diferencias culturales entre países y regiones.

Dicho esto, los estudios sugieren que hay diferencias entre las culturas individualistas y las colectivistas en cuanto a valores, autoconcepto, forma de relacionarse y procesos cognitivos. Es decir, que la cultura influye en la mirada con la que vemos el mundo y a nosotros mismos.

Sin embargo, como siempre, tenemos que ser cautos a la hora de interpretar los resultados. Aunque sea tentador, no podemos asumir que las diferencias observadas se deban al individualismo y al colectivismo. Es posible que se den otras variables que estén influyendo, como otros factores culturales o no culturales, como, por ejemplo, el producto interior bruto. Para intentar solucionar tal cosa, algunos estudios utilizan la técnica de *priming*, que se podría traducir como «preparación» o «facilitación». Consiste en pedir a los participantes de un estudio que hagan una primera tarea que active una forma concreta de pensar o ver el mundo, cosa que influirá en las respuestas de los participantes en la siguiente tarea sin que sean conscientes.

Todo esto puede sonar un poco extraño, pero el *priming* es algo muy cotidiano. Ocurre por ejemplo cuando una persona dice una palabra y, a los pocos minutos, también nosotros la utilizamos en la conversación, aunque no forme parte de nuestro vocabulario habitual. Otro ejemplo común es cuando una compañía nos ofrece tres paquetes diferentes (el básico, el normal y el premium) y elegimos el del medio,

---

3. La distinción entre Occidente y Oriente ha sido criticada por ser imprecisa y poco útil, además de eurocéntrica. Sin embargo, estos términos siguen utilizándose tanto en el lenguaje cotidiano como en estudios científicos.

mientras que si nos hubieran ofrecido solo dos opciones, quizá hubiéramos elegido la más barata. En ambos ejemplos, hay información que influye en nuestro comportamiento sin que seamos conscientes.

En estudios que investigan diferencias culturales, la tarea de *priming* hace que los participantes centren su atención en determinados elementos culturales relevantes, como valores, normas, creencias, actitudes, objetivos o estilos cognitivos. Al comparar las respuestas en diferentes tareas después de que se haya facilitado una visión individualista o colectivista, podemos investigar hasta qué punto estos factores influyen. Si el individualismo y el colectivismo tienen un efecto en el autoconcepto, la manera de relacionarnos o los procesos cognitivos, tales efectos deberían ser aún más fuertes después del *priming*. Pues bien, los estudios que utilizan esta facilitación cultural muestran un efecto moderado de la cultura en la manera de relacionarnos y en la cognición, mientras que el efecto es menor en el caso del autoconcepto y los valores.

Quizá los valores y la forma de relacionarnos sean conceptos más fáciles de entender, pero ¿a qué nos referimos con cognición y autoconcepto en este caso?

En el individualismo, el foco está normalmente orientado hacia la persona más que hacia la situación o el contexto social, por lo que se promueve un estilo de razonamiento más descontextualizado comparado con el estilo cognitivo típico del colectivismo, orientado a considerar la situación y relacionar y conectar los elementos entre sí.

En cuanto al autoconcepto, en el individualismo, las personas tienden a describirse en términos de cualidades abstractas que hacen referencia a ellos mismos como individuos. Un ejemplo sería describirse físicamente o hablar de sus habilidades. En cambio, en el colectivismo, las personas tienden a definirse en términos de pertenencia a un grupo (étnico, religioso o social) o haciendo referencia a sus relaciones personales o características relevantes para mantener esas relaciones, como la lealtad o la perseverancia.

No está claro a qué se deben tales diferencias entre culturas. Una hipótesis interesante es la teoría del arroz, que propone que aquellas regiones que tradicionalmente han cultivado principalmente arroz serían más colectivistas que aquellas que han dependido principalmente del trigo. Esto se debería a que el cultivo del arroz requiere sistemas de irrigación que hacen que los vecinos tengan que coordinarse entre sí para racionar el uso de agua. Además, estas redes de irrigación requieren de muchas horas de trabajo para construirlas y mantenerlas, lo cual también implica un esfuerzo conjunto por parte de los vecinos de una población. Por otro lado, la cantidad de horas que los agricultores tienen que dedicar a cultivar los arrozales es mucho mayor que en el caso de campos de trigo. Por lo tanto, mientras que los agricultores de arroz necesitan de la ayuda de su comunidad, los agricultores de trigo suelen poder cuidar de sus propios campos de cultivo sin ayuda de los vecinos.

Para comprobar esta hipótesis, no podemos simplemente comparar las diferencias culturales de países donde domine el cultivo de arroz con regiones donde domine el cultivo de trigo, ya que hay muchos más factores en los que se diferenciarían, como religión, política y tecnología. Una mejor forma de investigar esta cuestión sería comparar regiones de arroz y trigo dentro de un mismo país de manera que haya una historia, un idioma y una religión comunes. Es lo que hizo un grupo de psicólogos que investigó el estilo de pensamiento cultural en estudiantes chinos de diferentes regiones del país. Observaron que los participantes de regiones de cultivo de arroz del sur de China mostraban más interdependencia y pensamiento holístico que los participantes de regiones de cultivo de trigo en el norte.

Por poner un ejemplo del tipo de tarea que se utiliza para medir el grado de pensamiento holístico o analítico, imagina que te piden que emparejes dos elementos de un grupo de tres: un oso, un mono y un plátano. Las personas de países occidentales o con un estilo de pensamiento más abstracto y analítico tienden a emparejar oso y mono por ser ambos animales, mientras que las personas de países asiáticos o con un estilo de pensamiento más holístico tienden a escoger el mono y el plátano, ya que los monos comen plátanos.

Por supuesto, aunque las regiones estudiadas estén dentro del mismo país, no son completamente equivalentes en todos los aspectos. Por ejemplo, hay diferencias en cuanto al clima y el dialecto entre el norte y el sur de China, por lo que los investigadores hicieron más análisis comparando zonas fronterizas y encontraron las mismas diferencias. Así pues, sus resultados concuerdan con la teoría del arroz.

Aunque nos hemos centrado en el individualismo y el colectivismo, por ser la diferencia cultural más estudiada, existen otras muchas distinciones culturales. Otras dimensiones que se han propuesto son la distancia al poder (es decir, la actitud ante las desigualdades entre individuos), la evitación de la incertidumbre (el grado en que las situaciones ambiguas se interpretan como una amenaza y se intentan evitar), la orientación a corto o largo plazo (la predominancia de una perspectiva convencional que prioriza las tradiciones o de una visión pragmática orientada al futuro) y la indulgencia (el grado con el que está bien visto disfrutar de la vida y divertirse o, por el contrario, se intenta controlar la gratificación mediante normas sociales estrictas).

Podemos preguntarnos hasta qué punto criarnos en un país u otro determina nuestros valores, comportamiento y opiniones. Si bien es inevitable que, en cierto grado, nuestro entorno nos moldee, no debemos perder de vista las diferencias individuales, o por predisposiciones genéticas de personalidad, o por los valores de nuestra familia en particular, o por las experiencias vitales que van formando nuestra identidad. Con el acceso a libros, películas, series y música de cualquier parte del mundo es fácil permearnos de otras culturas y replantearnos los valores que nos han sido inculcados (al menos, en teoría y hasta cierto punto). Asimismo, las redes sociales nos facilitan conocer de primera mano el modo de vida y formas de pensar de personas de otros países y culturas.

Las personas que migran a otros países suelen experimentar en mayor o menor medida algún choque cultural al principio, y una asimilación cultural con el tiempo. No solo tendemos a asimilar las costumbres y valores del país de acogida, sino que la manera de experimentar nuestras emociones también suele cambiar; es un fenómeno denominado «aculturación emocional». Y es que la cultura en la que vivimos también hace que ciertas emociones se consideren más apropiadas que otras. Por ejemplo, el orgullo, el enfado o la irritación son emociones que promueven la autonomía y que suelen ser más comunes y experimentarse con más intensidad en contextos culturales en los que se valora la independencia. Por otro lado, la vergüenza o la sensación de estar en deuda con alguien promueven la interdependencia y se dan más en contextos donde se valora más la relación con los demás. Pues bien, se ha visto que las personas que migran a otro país adaptan sus emociones al contexto según estén interactuando con personas de su cultura o del país de acogida.

De nuevo, la plasticidad de nuestro cerebro hace que todo esto sea posible. En el siguiente capítulo, veremos que la neuroplasticidad también puede jugar a nuestro favor a medida que envejecemos.

CEREBROTES

Para recordar

Tener un cerebro plástico implica que la cultura en la que nos criamos influye mucho en nuestra forma de percibir el mundo.

14
Y después, ¿qué?

En general, con los años tendemos a perder capacidades cognitivas, sobre todo velocidad mental, memoria y funciones ejecutivas. Es importante recalcar que esto ocurre en el envejecimiento normal, sin necesidad de que haya una demencia. ¿A qué se deben tales cambios, entonces? Con la edad, nuestro cuerpo se vuelve menos eficiente a la hora de mantener en equilibrio los diferentes procesos fisiológicos. Aunque el proceso de envejecimiento afecta a todo el organismo, la peculiaridad de las neuronas de no poder dividirse hace que la mayoría de nuestras células nerviosas tengan la misma edad que nosotros. Eso no ocurre en otros órganos, donde las células se van renovando. La longevidad de nuestras neuronas hace que sea más probable que vayan acumulando mutaciones, es decir, alteraciones en las «letras» del ADN. Algunas no tendrán consecuencias, mientras que otras harán que las neuronas dejen de funcionar correctamente y, en algunos casos, mueran. En el envejecimiento normal, a diferencia de en enfermedades neurodegenerativas, no hay una gran pérdida de neuronas, pero el número de dendritas y espinas dendríticas puede disminuir considerablemente.

Aunque la muerte neuronal no sea comparable a la de

procesos neurodegenerativos, ocurre de manera local en algunas regiones del cerebro. En concreto, la mayor pérdida de volumen cerebral se da en la corteza frontal y la corteza temporal (lo que podría explicar el declive moderado en funciones ejecutivas y memoria, respectivamente), además de en estructuras subcorticales como el putamen, el tálamo y el núcleo accumbens.

Por otro lado, se cree que la pérdida de mielina en axones que conectan regiones distantes entre sí sería la responsable del empeoramiento en la velocidad de procesamiento. Esta podría ser una de las causas principales del declive cognitivo asociado al envejecimiento normal. Además de cambios estructurales en sustancia gris y sustancia blanca, con la edad también cambian los patrones de activación cerebral. En concreto, a medida que cumplimos años tendemos a activar más frecuentemente regiones cerebrales en ambos hemisferios para tareas donde de jóvenes solo necesitábamos activar uno de los hemisferios.

En cuanto a los mecanismos de plasticidad cerebral, con la edad se reduce la neurogénesis significativamente. Como ya sabemos, la formación de nuevas neuronas es un proceso con un papel importante en el aprendizaje y la memoria, pero además también contribuye a la regulación del estado de ánimo y la respuesta al estrés. Esta disminución en la neurogénesis podría estar relacionada, por lo tanto, con alteraciones en la cognición y la resiliencia emocional que se observan con el envejecimiento normal.

Además, con la edad, aumenta el riesgo de sufrir accidentes cerebrovasculares y enfermedades neurodegenerativas como el alzhéimer, el párkinson o la demencia frontotemporal.

Sin embargo, todo esto no quiere decir que no se pueda hacer nada para mantener un cerebro sano y retrasar el declive cognitivo. Existen distintos factores que nos pueden

Y DESPUÉS, ¿QUÉ?

ofrecer cierta protección ante la neurodegeneración, entre los que podemos distinguir genéticos y relacionados con el estilo de vida. Evidentemente, los factores del primer tipo no están bajo nuestro control, pero todo lo que tenga que ver con estilo de vida es potencialmente modificable. Y digo potencialmente porque, de nuevo, dependerá de las circunstancias y recursos de cada persona. Décadas de investigación en envejecimiento y demencia han mostrado que un estilo de vida cognitivamente activo está asociado con un menor deterioro cognitivo. Si te estás preguntando en qué consiste un estilo de vida cognitivamente activo, los cuestionarios que se utilizan en investigación suelen tener en cuenta aspectos como los años de educación formal, el tipo de profesión, si la persona toca un instrumento musical, cuántos idiomas habla, si juega a menudo al ajedrez o cuántos libros lee al año.

Aunque los mecanismos detrás de estos efectos no se terminan de entender, se ha visto que un estilo de vida cognitivamente activo puede ayudar de dos maneras. Por un lado, puede hacer más resiliente al cerebro, dándole más capacidad de hacer frente a la pérdida de neuronas. Es decir, en caso de un proceso neurodegenerativo, los síntomas tardarían más en aparecer. Por visualizarlo con una metáfora, si los distintos circuitos neuronales fueran caminos en un bosque, la resiliencia consistiría en tener más caminos disponibles. Así, si un camino está cortado, tenemos otras opciones para llegar al mismo lugar.

Por otro lado, un estilo de vida intelectualmente activo también puede hacer más resistente al cerebro, confiriendo cierta protección ante los procesos asociados a la neurodegeneración. Por ejemplo, en algunos estudios se ha encontrado una correlación entre un estilo de vida cognitivamente más activo y una menor atrofia cerebral o una menor acumulación de depósitos de beta-amiloide, una pequeña proteína asociada con la enfermedad de Alzheimer. Volviendo a la metáfora de los caminos en la naturaleza, la actividad mental sería lo equivalente a pasear por esos caminos. Al recorrerlos diariamente, los estaríamos protegiendo de la acumulación de vegetación que los acabaría haciendo desaparecer.

Por lo tanto, vemos qué importante es tener ganas de descubrir el mundo y mantenernos activos durante toda nuestra vida para seguir construyendo nuevos caminos y mantener los ya existentes en buen estado. Además, hay otros factores de vida que son modificables y también pueden reducir el riesgo de padecer demencia, como no fumar ni beber alcohol (o reducir la cantidad), controlar la hipertensión y la diabetes, realizar actividad física, dormir lo suficiente y participar en actividades sociales.

Más allá de reducir el riesgo de sufrir demencia, ciertos hábitos nos pueden ayudar a tener una mejor salud cerebral en general y disfrutar de una mejor calidad de vida. En la siguiente sección veremos algunos de esos hábitos, dándoles especial importancia a aquellos que promueven la plasticidad cerebral.

Para recordar

Con la edad, nuestro cerebro pierde plasticidad, aunque sigue cambiando. Una manera de potenciar la neuroplasticidad es mantener un estilo de vida cognitivamente activo.

SECCIÓN 3
Hábitos saludables para el cerebro

En la sección anterior hemos visto cómo el ambiente y la cultura en la que vivimos pueden moldear nuestro cerebro incluso desde antes de nacer. Aunque entender todo esto resulta fascinante (o, al menos, a mí me lo parece), nos puede dejar con cierta sensación de indefensión, ya que no es algo que podamos elegir. En esta sección vamos a centrarnos en algunos factores que sí están hasta cierto punto bajo nuestro control y que pueden afectar a nuestra salud cerebral y neuroplasticidad.

Por supuesto, el nivel de control que tengamos sobre cada uno de estos factores dependerá mucho de nuestra situación personal, ya que los elementos socioeconómicos y las circunstancias personales influyen. No es lo mismo tener un trabajo que te resulte gratificante, con buen sueldo y un horario que te permita disponer de tiempo libre para hacer ejercicio físico varias veces a la semana, cocinar a diario, socializar e informarte sobre hábitos saludables, que tener un trabajo precario, para el que te tienes que desplazar casi dos horas al día y cuyos horarios no te dejan tiempo para ir al supermercado entre semana. De la misma manera, no es lo mismo tener personas a tu cargo que no tenerlas, vivir en un pueblo que en una gran ciudad, estar de exámenes que de vacaciones, sufrir una depresión que no tenerla, etc. Nuestras circunstancias y nuestro contexto influyen en nuestros hábitos.

Dicho esto, es interesante entender cómo diferentes hábitos pueden afectar a nuestra salud para poder tomar decisiones informadas e implementar los cambios que nos sean posibles. Mi intención es hacer un recorrido por algunos de los principales factores de estilo de vida que pueden ocasionar un impacto sobre nuestra salud cerebral y neuroplasticidad para que cada persona decida qué le gustaría probar.

Lo primero es tener las necesidades básicas cubiertas, antes de centrarnos en cómo sacar el máximo partido a la capacidad plástica de nuestro cerebro. De la misma manera que carecería de sentido que nos preocupáramos por encontrar el mejor fertilizante para nuestra planta si no la regamos ni la ponemos en una habitación con suficiente luz, de poco servirá que nos centremos en perfeccionar ciertos aspectos de nuestros hábitos si no dormimos un mínimo de horas o si nuestra alimentación no incluye alimentos ricos en nutrientes. Por lo tanto, comenzaremos con los tres pilares básicos (sueño, alimentación y actividad física) para después adentrarnos en otros hábitos que pueden resultar interesantes.

15

Sueño

Dormir es fundamental para poder funcionar correctamente. Cualquiera que haya pasado una noche en vela o haya dormido poco durante varios días habrá podido comprobar cómo la falta de sueño afecta a las capacidades cognitivas y al estado de ánimo. Cuando no hemos descansado lo suficiente, estamos más lentos, nos cuesta mantener la atención y cualquier cosa nos molesta. Cuando esto se mantiene en el tiempo, puede resultar muy perjudicial para la salud. No solo nuestro cerebro se resiente, sino que el sistema inmunitario también empieza a trabajar peor, el grado de inflamación en el cuerpo aumenta y nuestras hormonas se desequilibran. Todo esto aumenta el riesgo de depresión, hipertensión y diabetes.

La inflamación es una respuesta natural del sistema inmunitario, el cual nos defiende de agentes externos dañinos como virus y bacterias. Por ejemplo, cuando nos pica una abeja, el enrojecimiento, calor, hinchazón y dolor en la zona de la picadura es consecuencia de la respuesta inflamatoria. Aunque estos síntomas sean incómodos, son señal de que el sistema inmunitario está haciendo su trabajo. Algunas moléculas como la histamina hacen que los vasos sanguíneos se dilaten, lo que permite que llegue más sangre a la zona afectada. Esto, a su vez, causa enrojecimiento y sensación de calor. Este aumento en el flujo sanguíneo facilita que lleguen más células del sistema inmunitario a esa región para ayudar al proceso de curación (en este caso, la eliminación del veneno inyectado por la abeja). La hinchazón que se observa se debe a que aumenta la permeabilidad de los vasos sanguíneos para que llegue más fluido y más glóbulos blancos a la zona afectada.

Toda esta puesta en marcha del sistema inmunitario resulta beneficiosa cuando ocurre de manera controlada en respuesta a una amenaza real. Sin embargo, cuando existe inflamación de bajo grado continuada en el tiempo debido a la falta de sueño o estrés, puede producirse un daño en el cuerpo. Por ejemplo, se ha observado que la inflamación crónica está asociada a depresión, enfermedad de Alzheimer, diabetes tipo 2, enfermedad cardiovascular y trastornos gastrointestinales como la enfermedad de Crohn y la colitis ulcerosa. Un posible culpable son las citoquinas, moléculas de señalización que se producen por el sistema inmunitario para pedir refuerzos y que también facilitan la comunicación en otro tipo de células.

En el cerebro, tanto las neuronas como los astrocitos y la microglía pueden producir citoquinas en determinadas circunstancias. Estas citoquinas actúan regulando el sueño, el desarrollo neuronal, el metabolismo de neurotransmisores y la plasticidad sináptica. Cuando los niveles de citoquinas son bajos, estas promueven el aprendizaje y la memoria. Sin embargo, si la concentración de citoquinas es elevada, se puede llegar a la inhibición de la plasticidad sináptica y a la muerte neuronal, lo que puede producir déficits cognitivos. Por lo tanto, vemos que es importante tener unos niveles intermedios de citoquinas, ni muy bajos ni muy altos.

La falta de sueño provoca una elevación de los niveles de citoquinas que se asocia a síntomas como un menor rendimiento cognitivo y de memoria, fatiga o más sensibilidad a estímulos dolorosos. Vemos, por lo tanto, la importancia de dormir suficientes horas para reducir los niveles de inflamación en nuestro cerebro y en nuestro cuerpo en general.

Más allá de reducir la inflamación y promover un correcto funcionamiento del sistema inmunitario, el sueño desempeña un papel vital en la eliminación de desechos celulares en nuestro cerebro. Durante el día vamos acumulando desechos tóxicos que se eliminan principalmente mientras dormimos gracias al líquido cefalorraquídeo que baña el cerebro. A este sistema de limpieza se le denomina «sistema glinfático» (de «glía» y «linfático»). Podríamos decir que el sistema glinfático equivale al sistema linfático del cuerpo, que actúa como sistema de drenaje del organismo.

El sistema glinfático del cerebro consiste en una red de vasos que contienen líquido cefalorraquídeo. Este líquido circula en el espacio que hay entre los vasos sanguíneos que irrigan el cerebro y los astrocitos que los envuelven. Son precisamente estas células las que regulan el intercambio de fluidos entre el líquido cefalorraquídeo limpio que llega al cerebro y el líquido extracelular del cerebro lleno de desechos. Una vez que el líquido cefalorraquídeo recoge la basura celular, vuelve a pasar a los vasos para salir del cerebro.

Por lo tanto, este proceso es fundamental para la eliminación de desechos de nuestro cerebro. ¿Qué tiene que ver todo esto con el sueño? Pues bien, es precisamente durante el sueño cuando tiene lugar principalmente esta actividad glinfática. Si no dormimos lo suficiente, es posible que se acumulen en el cerebro desechos potencialmente tóxicos para las neuronas, incluida la proteína beta-amiloide.

Por si el papel del sueño en la regulación de la inflamación y la recogida de desechos en el cerebro no fuera suficiente, además el sueño ayuda a la consolidación de recuerdos. Con consolidación nos referimos al proceso de

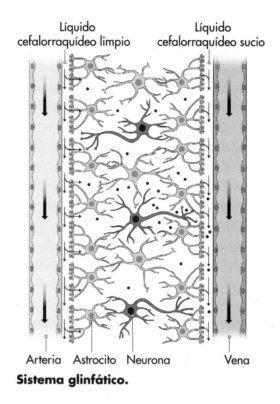

Sistema glinfático.

transformar nueva información que inicialmente son recuerdos lábiles en información estable, recuerdos que luego seremos capaces de recuperar. ¿Cómo hace eso el cerebro y qué tiene que ver con el sueño? Se cree que cuando estamos despiertos codificamos información que se consolida después mientras dormimos gracias a la reactivación de las neuronas que contienen información que merece la pena ser almacenada. Así, en principio, solo se fortalecen las sinapsis relevantes.

Quizá te estés preguntando si podemos utilizar el sueño a nuestro favor para retener lo aprendido durante el día. La respuesta es sí. Dormir después de aprender algo es importante para recordarlo, por lo que, en época de exámenes, la estrategia de pasar noches enteras sin dormir para seguir

SUEÑO

estudiando sería contraproducente. Por otro lado, una siesta corta después de una sesión de estudio puede ayudar a consolidar lo aprendido.

Ahora que ya sabemos todos los beneficios de dormir y los riesgos de no dormir lo suficiente, la siguiente pregunta sería cuánto es suficiente. La realidad es que esto varía entre personas y según la edad. A medida que cumplimos años, necesitamos dormir menos horas, pero se calcula que alrededor del 95 por ciento de la población adulta necesita dormir entre seis y ocho horas diarias.

Esta información puede ser útil para aquellas personas que tiendan a procrastinar la hora de ir a dormir. Sin embargo, para la gente que sufre insomnio puede resultar un tanto preocupante, ya que, si no duermen más, no es por elección propia. Los consejos generales de higiene del sueño incluyen hábitos como despertarse todos los días a la misma hora, reducir el ruido de fondo mediante tapones o enmascararlo con ruido blanco, realizar ejercicio físico durante el día, evitar las siestas de más de media hora y utilizar técnicas de gestión del estrés como meditar, hacer una actividad relajante antes de dormir o dedicar ciertos momentos del día a pensar en preocupaciones para evitar hacerlo en la cama. Además, también podría ayudar llevar unos horarios y un estilo de vida que se ajusten a nuestro reloj biológico. Esto implicaría levantarnos con luz natural y exponernos a ella durante el día (aunque sea a través de una ventana) y reducir la intensidad de la luz artificial al anochecer. Esto ayuda a nuestro cerebro a sincronizar el reloj biológico con la hora del día. Sin embargo, la vida moderna no siempre nos permite estos «lujos».

Ya sea por el horario de trabajo o por otros estreses cotidianos, lo cierto es que muchas personas sufren de problemas para dormir. Esto, a largo plazo, puede conllevar un cansancio que hace difícil manejar las demandas cotidianas, lo que, a su vez, puede generar más estrés, ansiedad o depresión, empeorando los problemas de sueño. Por lo tanto, no es fácil romper este círculo vicioso y en ocasiones puede ser necesario acudir a un profesional sanitario.

> ### Para recordar
>
> Dormir es esencial para nuestro cerebro. Ayuda a reducir los niveles de inflamación, limpiar desechos y consolidar recuerdos.

16

Alimentación

Lo que comemos impacta directamente en nuestra salud. Aquí vamos a centrarnos en la salud cerebral, pero es importante entender que el cerebro también se ve afectado por la salud del resto de nuestro cuerpo. Por ejemplo, contar con un sistema cardiovascular sano y una tensión arterial que esté dentro del intervalo normal son factores de protección frente a los accidentes cerebrovasculares o ictus.

Sin embargo, el cerebro tiene algunas particularidades que lo diferencian de otros órganos. Por un lado, la barrera hematoencefálica hace que solo algunos nutrientes puedan llegar hasta el cerebro. Por otro lado, si hay un desequilibrio en determinados nutrientes, podemos notar las consecuencias en nuestro estado de ánimo y cognición.

En este capítulo vamos a ver qué dicen los estudios sobre el impacto de ciertos nutrientes en nuestro cerebro. Es importante tener en cuenta que no es una lista exhaustiva de cada uno de los compuestos y alimentos que pueden impactar en nuestra salud cerebral y, sobre todo, que para recomendaciones acerca de nuestro caso particular necesitaremos acudir a un nutricionista. Aquí veremos lo que se ha observado en estudios en la población general sin patologías, por lo que es posible que no todo se pueda aplicar a nuestro caso concreto.

Por otro lado, los nutricionistas con formación en trastornos de la conducta alimentaria advierten de que catalogar los alimentos como «buenos» o «malos» puede llegar a producir una mala relación con la comida. Por lo tanto, aunque veamos que hay alimentos más interesantes que otros desde un punto de vista nutricional, hay que ponerlo todo en contexto. Es importante huir de dietas restrictivas que se centren en prohibir ciertos alimentos, ya que, muchas veces, eso puede tener efectos contraproducentes, creando más deseo de consumirlos. Esto puede llevar, como hemos dicho, a desarrollar una mala relación con la comida o incluso a trastornos de la conducta alimentaria. Aprender a escuchar las señales de hambre y saciedad de nuestro cuerpo y priorizar alimentos ricos en nutrientes beneficiosos para nuestra salud es más importante que obsesionarnos con eliminar por completo de nuestra alimentación ciertos tipos de alimentos.

Dicho esto, en los últimos años hemos sido testigos de diferentes tendencias en cuanto a supuestos «superalimentos» que prometían propiedades casi milagrosas. Sin embargo, no necesitamos consumir un alimento concreto para gozar de buena salud. Aunque no existe una sola manera de comer que se considere saludable, en general, podemos considerar sana una alimentación rica en verduras y fruta de distinto tipo y que incluya fibra, legumbres, pescado azul, frutos secos, aceite de oliva y especias. Por supuesto, esto no quiere decir que si no consumimos algunos de estos alimentos nuestra alimentación no pueda ser sana ni que incluir otro tipo de alimentos que no están en la lista implique necesariamente que nuestra alimentación sea poco saludable.

Como este es un libro sobre el cerebro, no vamos a ver todos los aspectos que deben tenerse en cuenta para llevar una alimentación saludable, sino que nos vamos a centrar en la salud cerebral. A continuación, veremos cómo lo que ingerimos afecta a nuestro cerebro.

ALIMENTACIÓN

Agua

El agua es fundamental no solo para el cerebro, sino para la vida en general. Al menos, en nuestro planeta, sin agua, no hay vida. Los humanos no tenemos la capacidad de almacenarla en nuestro cuerpo, por lo que necesitamos reponer a diario la que perdemos a través de la respiración, el sudor, la orina y las heces. Podemos sobrevivir semanas sin comida, pero solo unos pocos días sin agua.

Nuestro cerebro contiene aproximadamente un 80 por ciento agua. Si te estás preguntando dónde está esa agua, la respuesta es: en todas partes. Hay agua dentro de las células, entre las células, en el líquido cefalorraquídeo, en la sangre que irriga el cerebro, etc. Se estima que una pérdida de agua del 2 por ciento del peso corporal resulta en un peor desempeño en tareas que requieren atención o memoria. Sin embargo, en el día a día es poco probable que vayamos a perder tanta agua a no ser que realicemos ejercicio físico durante un periodo prolongado sin beber líquidos. En el caso de niños y adultos mayores, el riesgo de deshidratación es mayor, en parte porque el mecanismo de la sed no funciona igual de bien. Por desgracia, en muchos países del mundo la falta de acceso al agua potable es una realidad y, por lo tanto, el riesgo de deshidratación, mucho mayor.

Ahora que tenemos claro que el agua es fundamental, vamos a pasar a los alimentos.

Grasas

Las grasas han sufrido de mala reputación durante décadas. En los últimos años parece que el péndulo ha oscilado de un extremo al otro. Hemos pasado de denostar cualquier tipo de grasa a alabarlas. Pero ¿son necesarias para nuestro cerebro? Efectivamente, lo son, aunque no cualquier tipo de grasas. Aunque hablemos de grasas en general (o lípidos), es importante ser conscientes de que hay diferentes tipos.

Principalmente, nuestro cerebro utiliza la glucosa (un tipo de azúcar) como combustible. Por lo tanto, el cerebro no necesita grasas para obtener energía, sino que cumplen una función estructural (es decir, aportan «ladrillos» con los que construir partes de las células).

Las grasas suponen alrededor de un 11 por ciento del peso del cerebro. ¿Dónde se encuentra esas grasas? Por un lado, en las vainas de mielina que recubren los axones de las neuronas. Esta mielina tiene un alto contenido en colesterol, además de fosfolípidos y glicolípidos (todos ellos, tipos de grasas). Por otro lado, igual que el resto de las células de nuestro cuerpo, las células del cerebro tienen membranas que separan el interior de las células del exterior y regulan lo que entra y sale de ellas. Estas membranas celulares están hechas principalmente de fosfolípidos. Los elementos básicos a partir de los cuales se construyen tanto los fosfolípidos como los glicolípidos son los ácidos grasos, que podemos obtener a través de la dieta.

Quizá hayas oído hablar de las grasas saturadas e insaturadas, nombres que hacen referencia a los ácidos grasos que las componen. El término «saturado» tiene que ver con si hay o no átomos de hidrógeno, lo cual a su vez depende de la presencia o ausencia de dobles enlaces. Un ácido graso saturado es aquel que no tiene dobles enlaces y, por lo tanto, está saturado de hidrógenos. Si hay algún doble enlace en ese ácido graso, decimos que es una grasa insaturada, ya que no está todo lo saturada de átomos de hidrógeno que podría estar si no fuera por ese doble enlace. Esos enlaces dobles confieren al ácido graso cierta flexibilidad. Es como si actuaran de bisagra o articulación. Por lo tanto, las grasas con ácidos grasos que tienen enlaces dobles suelen ser líquidas a temperatura ambiente. Un ejemplo serían los aceites vegetales. En cambio, los alimentos ricos en ácidos grasos saturados, como la mantequilla, son sólidos a temperatura ambiente.

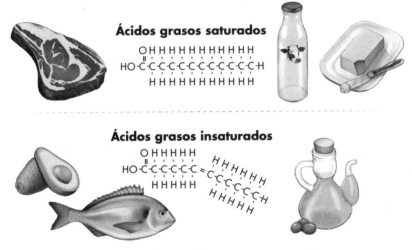

Estructura molecular de los ácidos grasos saturados e insaturados.

Hablamos de todo esto porque nuestro cerebro, una vez que somos adultos, por lo general solo deja pasar a su interior grasas insaturadas. Más concretamente, las poliinsaturadas, es decir, las que tienen varios enlaces dobles. Estas son el único tipo de grasa que el cerebro no es capaz de producir por sí mismo y necesita adquirir mediante la dieta.

Además de desempeñar un papel estructural al formar parte de las membranas celulares, los ácidos grasos poliinsaturados pueden actuar como moléculas mensajeras al activar ciertos receptores y modular la neurotransmisión.

CEREBROTES

En concreto, el cerebro necesita ácidos grasos omega-3 y omega-6. Los números 3 y 6 se refieren a la posición en que se encuentra el primer doble enlace (el tercer y el sexto átomo de carbono, respectivamente). Por lo tanto, los ácidos grasos de tipo omega son especialmente importantes para nuestra salud cerebral. Sin embargo, las cosas no son tan sencillas, ya que es importante la proporción entre ácidos grasos omega-6 y omega-3.

Los omega-6 son, a grandes rasgos, proinflamatorios, mientras que los omega-3 tienen propiedades antiinflamatorias. Ya hemos visto antes que cierto grado de inflamación resulta beneficioso para nuestro organismo, ya que un sistema inmunitario activo nos ayuda a protegernos de posibles peligros. Sin embargo, como ya sabemos, es importante que la inflamación no sea demasiado alta, por lo que los ácidos grasos omega-3 ayudan a compensar. Se calcula que, en la actualidad, la dieta predominante en Estados Unidos y en otros países occidentales contiene una proporción de ácidos grasos omega-6 respecto a los omega-3 mucho mayor de lo recomendable. Esto aumenta el riesgo de aterosclerosis, artritis y alzhéimer, entre otras enfermedades con un componente inflamatorio.

¿Cómo podemos asegurarnos de mantener el equilibrio óptimo? En primer lugar, conociendo qué alimentos contienen cada tipo de ácido graso. Dentro de los omega-3, tenemos tres tipos de ácidos grasos. El DHA (docosahexaenoico) y el EPA (eicosapentaenoico) se encuentran en grandes cantidades en pescados de agua fría como el salmón, la caballa, el bacalao, las sardinas o el arenque, además de en mariscos y algas. Por otro lado, el ALA (alfa-linolénico) es de origen vegetal y lo podemos encontrar en semillas de lino, nueces, semillas de chía y avena.

Para el cerebro, los ácidos grasos DHA y EPA son especialmente importantes, ya que forman parte de las membra-

134

ALIMENTACIÓN

nas celulares. Además, el DHA puede afectar a la plasticidad sináptica al aumentar los niveles de BDNF (el abono de nuestras neuronas) y el EPA reduce la inflamación. Las personas vegetarianas o veganas pueden utilizar suplementos de omega-3 derivado de algas o recurrir al ALA, ya que el cerebro puede convertir parte del ALA en DHA, aunque hay que tener en cuenta que se pierde la mayor parte en el proceso.

Los estudios epidemiológicos sugieren que los ácidos grasos omega-3 son el principal nutriente para reducir el riesgo de deterioro cognitivo y demencia. Además, una deficiencia en ácidos grasos omega-3 se asocia con un mayor riesgo de desarrollar varios problemas de salud mental, como depresión, esquizofrenia o trastorno bipolar. Sin embargo, los estudios en los que se ha investigado el uso de suplementos de omega-3 no son concluyentes. Esto podría deberse a que, o bien las cantidades usadas no son suficientes, o bien a que el efecto del omega-3 de suplementos no es igual que el de fuentes naturales como el pescado.

En cuanto a los ácidos grasos omega-6, son especialmente abundantes en algunos aceites vegetales como los de colza, girasol, maíz, soja o cacahuete. Quizá nunca hayas comprado una botella de estos tipos de aceite, pero son comunes en productos ultraprocesados. También podemos encontrar ácidos grasos omega-6 en carnes como las de pollo, pavo, pato o cerdo y en frutos secos y semillas como nueces o pipas de girasol y calabaza. Como hemos visto, estas grasas no son perjudiciales *per se*, ya que las necesitamos. El problema viene cuando nuestra alimentación incluye una proporción mucho mayor de omega-6 que de omega-3.

Proteínas

Las proteínas son otro macronutriente necesario para nuestro cerebro. Están hechas de aminoácidos, los cuales son necesarios para multitud de funciones en las células. En el cerebro, algunos aminoácidos pueden actuar como neurotransmisores, mientras que otros pueden ser precursores de estas moléculas. El cuerpo puede producir algunos aminoácidos, pero otros se obtienen solo a través de la dieta. Son los denominados aminoácidos esenciales.

Uno de los aminoácidos esenciales más relevante para nuestro cerebro es el triptófano, a partir del cual se forma el neurotransmisor serotonina. En el cerebro, la serotonina tiene muchas funciones, entre las que se encuentra modular el estado de ánimo, el apetito, la memoria y la atención. Para poder producir serotonina en el cerebro, por lo tanto, es necesario que el triptófano que ingerimos en la dieta atraviese la barrera hematoencefálica. Esto es posible gracias a una proteína que transporta el triptófano hacia el interior del cerebro. Sin embargo, otros aminoácidos tienen preferencia, por lo que la cantidad de triptófano que llega al cerebro también dependerá de la composición de aminoácidos de las proteínas ingeridas. Además, hay que tener en cuenta que la enzima que convierte el triptófano en serotonina necesita vitamina B6 para funcionar, por lo que una deficiencia en este sentido limitará este paso. Por otro lado, solo una mínima parte del triptófano que ingerimos se convierte en serotonina.

Aunque existe debate en la comunidad científica respecto al papel de la serotonina en la depresión, varios estudios han mostrado que unos niveles bajos de triptófano podrían estar asociados con un mayor riesgo de sufrir depresión. Estos resultados se complementan con estudios que han encontrado que una dieta rica en triptófano está asociada a

ALIMENTACIÓN

puntuaciones más bajas en cuestionarios diseñados para medir síntomas de depresión, irritabilidad y ansiedad. Algunos alimentos que suponen una buena fuente de triptófano (teniendo en cuenta el resto de los aminoácidos que contienen para minimizar la competición con el triptófano a la hora de entrar en el cerebro) son las semillas de chía, la leche, el yogur, las semillas de sésamo, las pipas de calabaza o el cacao. Sin embargo, el triptófano se encuentra en muchos alimentos, por lo que no es común padecer de una deficiencia de este aminoácido.

Hidratos de carbono

Como ya hemos visto, el cerebro utiliza glucosa como fuente de energía. La glucosa es un tipo de glúcido (lo que solemos llamar hidrato de carbono). Se puede obtener directamente a través de la glucosa presente en alimentos o por descomposición de otros hidratos de carbono. Según la longitud de la molécula, podemos distinguir entre hidratos de carbono simples y complejos. Los simples son lo que conocemos como azúcares, debido a su sabor dulce, e incluyen monosacáridos como la glucosa o la fructosa, y disacáridos como la sacarosa (formada por la unión de glucosa y fructosa) o la lactosa (compuesta por la unión de glucosa y galactosa). Los hidratos de carbono simples también se denominan de absorción rápida, ya que, por su estructura, pasan muy rápido a la sangre.

¿Dónde podemos encontrar estos hidratos de carbono simples? Las fuentes más comunes de glucosa y fructosa son la fruta, las verduras, la miel y los siropes naturales, como el de arce. La sacarosa se encuentra en frutas y verduras, y la podemos extraer y refinar de la caña de azúcar o la remolacha azucarera para obtener el azúcar de mesa. La lactosa se encuentra, como su nombre indica, en lácteos como la leche, el yogur o el queso. Si alguna vez has tomado leche sin lactosa, habrás notado que tiene un sabor más dulce que la leche de vaca normal. Es porque se le añade lactasa, la enzima que descompone la lactosa en glucosa y galactosa, por lo que notamos el sabor dulce de la glucosa.

Cuando a un alimento se le añade sacarosa refinada, miel o siropes naturales, decimos que lleva azúcares añadidos para diferenciarlos de los azúcares presentes de manera natural en fruta, verduras y lácteos. Cuando exprimimos o trituramos fruta, los azúcares se liberan de su matriz, pasando a ser azúcares libres.

Por otro lado, están los hidratos de carbono complejos o polisacáridos. En este caso, al cuerpo le cuesta más descomponer estas moléculas, por lo que también se denominan hidratos de absorción lenta. Los dos tipos de hidratos de carbono complejos que podemos obtener mediante la dieta son el almidón y la fibra. Ejemplos de alimentos ricos en hidratos de carbono complejos serían la patata, el boniato, la calabaza, los cereales integrales, las legumbres o las frutas con alto contenido en fibra, como frambuesas, fresas o arándanos.

Cuando realizamos una actividad física de alta intensidad durante un tiempo prolongado, los hidratos de carbono simples son una manera rápida de obtener energía para nuestros músculos. Sin embargo, cuando nuestros requerimientos energéticos no son elevados, los hidratos de carbono complejos son una opción más interesante, ya que producen niveles de glucosa en sangre más constantes. El problema con los picos de glucosa es el efecto que esto tiene en la insulina. Pero vayamos por partes.

Cuando hablamos de picos de glucosa nos referimos a los niveles de glucosa en sangre. Al digerir los alimentos, los hidratos de carbono se descomponen en glucosa, que pasa

ALIMENTACIÓN

del intestino a la sangre. Cuando los niveles de glucosa en sangre aumentan, el páncreas libera insulina, la cual hace que los receptores de glucosa de las células se coloquen en la superficie de estas, cosa que permite que la glucosa entre en las células y se utilice para obtener energía. Cuanta más glucosa en sangre, más insulina se produce. Sin embargo, este sistema se puede desequilibrar cuando los picos de glucosa son recurrentes, lo que puede producir una resistencia a la insulina. Cuando esto ocurre, las células se vuelven menos sensibles a la insulina. Es decir, ante los mismos niveles de insulina que antes, la célula no es capaz de responder de igual manera, ya sea porque produce menos receptores de insulina, porque esta no sea capaz de unirse a estos receptores o porque, aunque se una, la respuesta de la célula no sea la misma. Sea como sea, el resultado final es que la célula no es capaz de introducir la glucosa de manera eficiente.

Para compensar, el páncreas produce más insulina. Mientras el páncreas pueda producir suficiente insulina, los niveles de glucosa en sangre se mantendrán en los intervalos normales. Sin embargo, con el tiempo, el páncreas puede que ya no sea capaz de producir la insulina suficiente. En esos casos puede llegar a desarrollarse diabetes tipo 2.

Todos estos cambios suponen un gran riesgo para la salud del cuerpo en general, incluida la del cerebro. Por ejemplo, las personas con diabetes tienen un mayor riesgo de sufrir demencia. Se cree que en parte puede deberse a los problemas vasculares asociados a la diabetes. Si se reduce el flujo de sangre en una parte del cerebro, aunque sea por un breve periodo de tiempo, si esto ocurre de manera recurrente, puede dar lugar a demencia vascular. Pero, además, podría haber otros mecanismos implicados, como la toxicidad de ese alto contenido de azúcar en sangre, la resistencia a la insulina en el cerebro y la formación de otros compuestos como consecuencia de los altos niveles de glucosa que podrían acelerar la agregación de beta-amiloide.

La alimentación no es el único factor que puede modificar el riesgo de desarrollar resistencia a la insulina. La falta de sueño o llevar horarios que van en contra de nuestros ritmos biológicos también son factores de riesgo. Por el contrario, algunos hábitos que ayudan a aumentar la sensibilidad a la insulina son realizar ejercicio físico de manera habitual, no fumar, limitar el consumo de alcohol, reducir los niveles de estrés y llevar una alimentación rica en frutas, verduras y fibra, y baja en alimentos con azúcares añadidos.

Por lo tanto, si bien un dulce puntual no va a suponer un problema para nuestra salud, una alimentación en la que abunden alimentos ricos en azúcares libres puede suponer un riesgo para nuestra salud.

Por otro lado, tanto un consumo escaso de cereales integrales como un alto consumo de arroz blanco y harina de trigo refinado están asociados con un mayor riesgo de diabetes tipo 2.

¿Cuál es la diferencia entre las harinas refinadas y las integrales? Las harinas refinadas (también llamadas harinas blancas) son aquellas a las que se les ha eliminado el salvado y el germen del grano de cereal, quedando solo el endospermo. Por el contrario, las harinas integrales conservan el grano de cereal íntegro, con todas sus partes.

Para entender mejor qué consecuencia tiene quitar el salvado y el germen, vamos a ver más detalladamente estos componentes. El salvado es la capa exterior del grano y aporta fibra, vitaminas, minerales y antioxidantes. Esta fibra hace que el almidón del grano de cereal tarde más en descomponerse en glucosa, lo que ayuda a mantener niveles estables de glucosa en sangre. El germen es el embrión de la semilla (la parte que germina para producir una nueva planta) y es rico en ácidos grasos insaturados, aminoácidos esen-

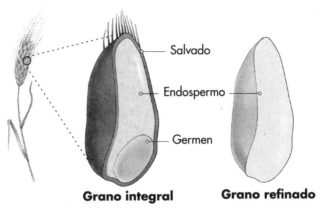

Diferencia entre granos integrales y refinados.

ciales, vitaminas y flavonoides. Por último, el endospermo (la parte que siempre está presente tanto en harinas integrales como refinadas) se encuentra en el interior y ocupa la mayor parte del grano. Está compuesto principalmente de hidratos de carbono, además de proteínas y pequeñas cantidades de vitaminas y minerales.

Quizá te estés preguntando por qué la industria alimentaria se toma la molestia de hacer este paso extra de quitar componentes del grano que son nutritivos. Antiguamente, se molía el grano usando molinos de piedra, lo que permitía cribar el salvado para así conseguir una textura más fina. Con la Revolución Industrial, en el siglo XIX, los nuevos métodos de moler trigo permitieron eliminar también el germen. Esto alarga la vida útil de la harina, ya que los ácidos grasos del germen pueden enranciarse con el tiempo, lo que produce un sabor desagradable. Además de estas cuestiones prácticas, la harina refinada es más esponjosa, lo que permite hacer panes y dulces más ligeros. Así que vemos que tanto las cuestiones prácticas como las preferencias de los consumidores en cuanto a sabor y textura han hecho que sea más común consumir pan, pasta o arroz refinados que integrales, a pesar de que los profesionales de la salud insistan en que las opciones integrales son más saludables.

Técnicamente, las cereales refinados también contienen hidratos de carbono complejos, ya que contienen sobre todo almidones. Sin embargo, a menudo se habla de los beneficios de los hidratos de carbono complejos para referirse a los cereales integrales y no a los refinados, ya que, como hemos visto, los integrales se absorben más lentamente.

La industria alimentaria no lo pone fácil para poder tomar decisiones libres en este sentido, ya que a menudo el término «integral» se utiliza de manera muy laxa para referirse a productos que contienen una mezcla de harina refinada e integral. En España, desde 2019 solo pueden recibir la denominación de integral los panes elaborados cien por cien con harina integral. En caso de ser una mezcla, el fabricante tiene que indicar el porcentaje de cada tipo. Sin embargo, esta normativa solo se aplica al pan, por lo que es importante mirar el listado de ingredientes en otro tipo de productos para asegurarnos de que la harina sea cien por cien integral, si es lo que buscamos.

Además de ayudar a regular los niveles de glucosa, la fibra tiene otros beneficios para nuestra salud. Los humanos no contamos con enzimas digestivas que puedan digerir la fibra, por lo que no obtenemos energía de ella. La fibra soluble, como su nombre indica, se disuelve en agua, lo que hace que forme una textura gelatinosa mientras comemos. Además de regular los niveles de glucosa, también ayuda a bajar los niveles de colesterol en sangre y nos hace sentir saciedad durante más tiempo. Algunos alimentos ricos en este tipo de fibra son los copos de avena, plátanos, arándanos o manzanas. Por otro lado, la fibra insoluble ayuda a mover los materiales de desecho a través del tracto digestivo. Esta es la fibra que abunda en los cereales integrales, frutos secos y verduras de hojas verdes como las espinacas, el brócoli o la coliflor. Muchos alimentos, especialmente frutas y verduras, contienen los dos tipos de fibra.

Por lo tanto, una alimentación rica en fibra nos ayuda, además de a estabilizar nuestros niveles de glucosa, a gozar de una buena salud intestinal. A su vez, disfrutar de un tracto digestivo saludable tiene un efecto positivo en nuestra salud cerebral, ya que existe una conexión entre el sistema digestivo y el cerebro. En el siguiente apartado vamos a profundizar en esta relación.

Microbiota y salud cerebral

Es posible que hayas oído hablar del eje intestino-cerebro. Este concepto hace referencia a la interacción bidireccional entre nuestro sistema digestivo y el cerebro. Las señales del cerebro pueden alterar el funcionamiento del sistema digestivo y, por otro lado, las señales de este pueden modular el funcionamiento cerebral. Si alguna vez has sentido molestias abdominales ante una situación que te causaba ansiedad, te habrás podido dar cuenta de esta conexión en tus propias carnes. Otros ejemplos son la relación entre la emoción de asco y sentir náuseas, o cómo la sensación de hambre en el estómago nos lleva a querer ingerir alimentos.

Pero la relación entre el sistema digestivo y el cerebro va mucho más allá. Durante los últimos años ha habido una explosión de estudios que han investigado esta comunicación y sus consecuencias. Por ejemplo, este eje parece estar alterado en la depresión, el alzhéimer o el párkinson. Esto no significa que la causa de estas enfermedades o trastornos esté necesariamente en el intestino, pero es un factor más que tener en cuenta.

Quizá te estés preguntando cómo se comunica exactamente el cerebro con el sistema digestivo. Por un lado, tenemos los nervios que salen del cerebro e inervan los diferentes órganos internos, incluido el sistema digestivo. Es lo que denominamos sistema nervioso autónomo, ya que controla de manera autónoma las funciones corporales involuntarias sin necesidad de nuestro control consciente. A través de esos nervios, el cerebro puede enviar y recibir información de los órganos.

Además, en el sistema digestivo existe una red de neuronas que actúa de manera independiente, regulando la motilidad, la secreción de mucosa y el flujo sanguíneo del sistema digestivo. Este conjunto de neuronas forma el sistema nervioso entérico, lo que popularmente se conoce como nuestro «segundo cerebro». Aunque el nombre sea atractivo, es importante recalcar que no tenemos un cerebro en el intestino o en el estómago. Para empezar, estas redes de neuronas no forman una estructura compleja comparable a la de un cerebro, de la misma forma que los nervios o la médula espinal tampoco son cerebros. Por otro lado, la función del sistema nervioso entérico no se parece a la de un cerebro, ya que no se encarga de ninguna función cognitiva, sino de contraer los músculos del tracto digestivo y regular la secreción de glándulas digestivas. Dicho esto, ¿cómo se relaciona ese falso «segundo cerebro» con el cerebro de verdad? Pues bien, además de hacer conexiones con las neuronas de los nervios provenientes del cerebro, el sistema nervioso entérico produce hormonas y péptidos que se liberan al torrente sanguíneo y pueden cruzar la barrera hematoencefálica, actuando en el cerebro.

Otro componente fundamental del eje intestino-cerebro es la microbiota intestinal. El término microbiota hace referencia al conjunto de microorganismos que habitan nuestro cuerpo en condiciones normales. Estos microorganismos «buenos» recubren nuestra piel y mucosas, lo que dificulta que bacterias, hongos o virus perjudiciales para nuestra sa-

ALIMENTACIÓN

lud se instalen en el organismo. El intestino es el órgano del cuerpo humano más colonizado por estos microorganismos, por lo que cuando hablamos de microbiota solemos pensar en la microbiota intestinal. En adultos, la mayor parte de la microbiota son bacterias, pero también tenemos levaduras (un tipo de hongos), virus bacteriófagos y protistas.

La composición exacta de microorganismos varía entre personas. Aunque durante la etapa fetal puede haber una exposición limitada a microorganismos, es durante el parto cuando comienza la colonización y cuando la microbiota intestinal se empieza a desarrollar. Hay muchos factores que afectan a la adquisición de esta microbiota, desde el tipo de parto y de lactancia, la edad gestacional, la exposición a antibióticos o la presencia de hermanos mayores o animales de compañía en la casa, entre otros.

Durante los primeros años de vida, la microbiota intestinal es inestable y poco diversa. Con la introducción de alimentos sólidos y la retirada de la lactancia se producen cambios importantes. Poco a poco, aumenta la diversidad de la microbiota y a los tres años de edad la composición se asemeja a la de un adulto sano. Sin embargo, como hemos dicho antes, existen diferencias individuales. Aunque cada persona tiene una composición de microorganismos distinta, se pueden observar patrones según el tipo de bacteria predominante, los cuales están muy influidos por el tipo de alimentación.

Pero ¿por qué nos importa la microbiota? ¿Qué función tiene y cómo afecta a nuestra salud en general y a la salud de nuestro cerebro en concreto? Estos microorganismos desempeñan un papel fundamental en la digestión. Como hemos visto antes, los humanos no tenemos enzimas que puedan digerir la fibra alimentaria. Sin embargo, los microorganismos de nuestro intestino pueden fermentar la fibra, produciendo en el proceso ácidos grasos de cadena corta, principalmente ácido acético, propiónico y butírico.

Estos ácidos grasos pueden pasar al interior de las células del colon para producir energía, pero un pequeño porcentaje llega a la sangre. Estas moléculas tienen un efecto positivo en la salud intestinal, ya que ayudan a mantener la barrera intestinal íntegra, lo que protege frente a la inflamación. Además, estos ácidos grasos de cadena corta regulan las células del sistema inmunitario en el intestino. De esta manera, podrían estar afectando también al cerebro de manera indirecta.

En cuanto a un posible efecto directo en el cerebro, se ha observado que los ácidos grasos de cadena corta pueden atravesar la barrera hematoencefálica, pero en una pequeña cantidad. Se cree que aquellos que logran entrar en el cerebro podrían influir en los niveles de factores neurotróficos y modular la neurotransmisión, además de reforzar la barrera hematoencefálica. Sin embargo, estos resultados son aún preliminares y la mayoría de los estudios se han realizado en células o animales. No está claro si en humanos los ácidos grasos derivados de la fermentación de la fibra pueden alcanzar una concentración en el cerebro suficiente para observar estos efectos.

Más allá de los ácidos de cadena corta, la microbiota intestinal es también importante para la producción de algunas vitaminas, para transformar compuestos inactivos en moléculas bioactivas y para regular el almacenamiento de grasas.

Aunque aún queda mucho para entender en profundidad la conexión entre el intestino y el cerebro, los estudios muestran que una buena salud intestinal está asociada con una mejor salud cerebral. Una manera de mantener el sistema digestivo saludable, además de consumir suficiente fibra, es incluir en nuestra alimentación prebióticos, probióticos y fermentados.

Los prebióticos son moléculas que los humanos no po-

ALIMENTACIÓN

demos digerir, pero que pueden ser digeridas por la microbiota, lo que aporta beneficios para la salud. La mayoría son oligosacáridos y se pueden encontrar en espárragos, ajo, cebollas, achicoria, cereales integrales, tomate, plátanos, legumbres y leche, entre otros alimentos.

Si los prebióticos son comida para nuestra microbiota, los probióticos son los microorganismos vivos en sí. En la Unión Europea, la regulación restringe el término «probiótico» a suplementos alimenticios. Sin embargo, hay que tener en cuenta que no todos los suplementos etiquetados como probióticos han demostrado aportar beneficios para la salud. De manera natural, algunos alimentos fermentados como el yogur, el kéfir, el chucrut, el kimchi, el miso o los pepinillos contienen estos microorganismos vivos beneficiosos para nuestro sistema digestivo. Por supuesto, los prebióticos y fermentados son una parte más de una alimentación saludable, no el centro. Como ya hemos dicho, no existen superalimentos.

Por otro lado, si queremos cuidar de nuestra microbiota, otros factores que tenemos que considerar son los edulcorantes artificiales y los emulsionantes.

Algunos estudios sugieren que un uso continuado de edulcorantes artificiales puede alterar negativamente la microbiota, aunque existe controversia al respecto. Por otro lado, al proporcionar un sabor dulce, pero no calorías, se piensa que estos edulcorantes podrían aumentar el apetito. Además, la exposición repetida al sabor dulce entrena al cerebro a tener esta preferencia, lo que puede hacer que alimentos menos dulces nos resulten insípidos.

Por otro lado, los emulsionantes son aditivos alimentarios que se utilizan para mejorar la textura, apariencia y vida útil de productos como el helado, las galletas o las salsas. Los estudios indican que muchos de los emulsionantes que se utilizan (aunque no todos) podrían promover inflamación intestinal. Dos de los compuestos que podrían tener estos efectos son la carboximetilcelulosa (la cual se puede encontrar en etiquetas también como CMC o E466 en la Unión Europa) y el polisorbato-80 (E433).

De nuevo, vemos cómo una alimentación rica en frutas y verduras donde los alimentos ultraprocesados no abunden nos puede ayudar a tener una buena salud intestinal y, por lo tanto, también cerebral.

Vitaminas y minerales

Ahora que hemos cubierto los tres tipos de macronutrientes (grasas, proteínas e hidratos de carbono) que necesitamos consumir diariamente en grandes cantidades y que aportan el cien por cien de la energía que obtenemos mediante la dieta, vamos a pasar a aquellos nutrientes que consumimos en menor cantidad y que no nos aportan energía, pero que son fundamentales para nuestra salud.

Las vitaminas son micronutrientes orgánicos[4] necesarios para multitud de funciones. Podemos diferenciarlas entre solubles en grasa (liposolubles) y solubles en agua (hidrosolubles). Las liposolubles cuentan con la ventaja de poder almacenarse en el tejido graso, de forma que no necesitamos consumirlas a diario. Ejemplos de este tipo son las vitaminas A, E, D y K. Las vitaminas hidrosolubles, por el contrario, no se pueden almacenar en el organismo, por lo que necesitamos consumirlas frecuentemente. Si tomamos más de las que el cuerpo necesita, se excretan por la orina. A esta clase pertenecen las vitaminas C, B12, B6, el folato y la colina.

---

4. Los compuestos orgánicos son aquellos que contienen átomos de carbono formando enlaces carbono-carbono y carbono-hidrógeno.

ALIMENTACIÓN

En cuanto a su papel en la salud cerebral, comencemos con los efectos antioxidantes de las vitaminas A, E y C. Es posible que hayas oído la palabra «antioxidante» antes, pero ¿sabes qué significa exactamente? Es un término que se utiliza para referirse a moléculas que pueden ayudar a proteger al organismo de los radicales libres, compuestos que se forman como subproducto del metabolismo y que intentan robar electrones de su alrededor, alterando la estructura de otras moléculas. Los antioxidantes son moléculas que donan esos electrones, haciendo que otras moléculas importantes como el ADN se mantengan intactas. Esto es especialmente relevante en el cerebro, ya que es un órgano que consume mucha energía y, por lo tanto, que produce radicales libres en gran cantidad. Normalmente, el cerebro es capaz de contrarrestar toda esta oxidación gracias a las moléculas antioxidantes, pero, cuando no da abasto, se produce lo que se conoce como estrés oxidativo, lo que puede ocasionar daños.

Existen cientos de sustancias que pueden actuar como antioxidantes. Algunas las produce el propio cuerpo, pero la mayoría se obtiene a través de la alimentación. Algunas de las más conocidas son la vitamina A (o su precursor, el beta-caroteno), la vitamina E, la vitamina C, minerales como el selenio y el manganeso, así como otras sustancias como el glutatión o los polifenoles.

En los años noventa, se pusieron de moda los antioxidantes después de que se empezara a entender cómo el daño provocado por radicales libres podría estar asociado a la aterosclerosis y el cáncer. Algunos estudios mostraron que personas con un bajo consumo de frutas y verduras ricas en antioxidantes tenían un mayor riesgo de desarrollar enfermedades crónicas. Se empezaron a realizar ensayos clínicos para investigar si podría ser beneficioso utilizar suplementos de vitamina E o beta-caroteno. Antes incluso de que se

149

obtuvieran resultados, hubo un boom en el mercado de suplementos y productos alimentarios que recalcaban sus propiedades saludables por llevar antioxidantes.

Sin embargo, la mayoría de los estudios realizados con suplementos no encontraron los beneficios que se esperaban. Es posible que se deba a que los antioxidantes funcionan mejor en combinación con otros nutrientes y compuestos presentes en las plantas, incluidos otros antioxidantes. Los estudios epidemiológicos muestran que consumir de manera abundante frutas, verduras y legumbres ricas en antioxidantes está asociado a un menor riesgo de sufrir enfermedades relacionadas con el estrés oxidativo crónico como las enfermedades cardiovasculares y el cáncer. Sin embargo, es difícil saber si los antioxidantes tienen un papel principal, ya que no podemos aislar sus efectos del resto de compuestos presentes en estos alimentos.

Ahora que ya hemos puesto una nota de prudencia, vamos a ver los posibles efectos beneficiosos para el cerebro de algunas vitaminas con propiedades antioxidantes. Los estudios científicos sugieren que el beta-caroteno proveniente de frutas y verduras podría tener un efecto protector ante el deterioro cognitivo asociado a la edad. Y podría ser mayor si se combina con otros nutrientes con propiedades antioxidantes, como la vitamina E, la vitamina C, el zinc o el selenio. Se ha observado en animales que el consumo de beta-caroteno se asocia a un aumento de BDNF, el abono de las neuronas. Por otro lado, la deficiencia de vitamina A reduce la plasticidad neuronal en ratones y aumenta los depósitos de beta-amiloide en ratones con enfermedad de Alzheimer.

Algunos alimentos ricos en beta-caroteno son las verduras naranjas y amarillas (como zanahorias, boniatos y calabaza), las verduras de hoja verde, el tomate o el mango. La vitamina E abunda en pipas de girasol, almendras y avella-

ALIMENTACIÓN

nas. Por último, la vitamina C, además de en cítricos como naranjas y limones, se encuentra en pimientos, fresas, tomates y verduras como el brócoli o la coliflor. Por lo tanto, vemos una vez más que incluir una variedad de frutas, verduras y semillas en la alimentación es beneficioso para nuestra salud por múltiples motivos.

El siguiente grupo de vitaminas en el que nos vamos a centrar son las de tipo B. Incluye ocho vitaminas con estructuras químicas variadas y diferentes funciones. Algo que tienen en común todas ellas, además de ser hidrosolubles, es que ayudan a distintas enzimas a realizar su función (es decir, actúan como coenzimas) y se encuentran en alimentos similares. Aunque la mayoría de estas vitaminas son fabricadas por plantas (excepto la B12), también se pueden encontrar en carne, lácteos y huevos.

Es posible que hayas oído que el ácido fólico es importante durante el embarazo. De hecho, los suplementos de ácido fólico se recomiendan desde el momento en el que se busca concebir. El ácido fólico se conoce también como vitamina B9 y tiene muchas funciones distintas. Ayuda a sintetizar ADN, metabolizar proteínas y producir glóbulos rojos. Con una dieta variada y saludable normalmente podemos conseguir dosis suficientes de ácido fólico. Lo podemos encontrar en espinacas, lechuga, brócoli, espárragos, frutas diversas, cereales integrales y alubias, entre otros alimentos. Sin embargo, hay situaciones en las que las necesidades de ácido fólico aumentan. Una de ellas es el embarazo, donde se requiere entre cinco y diez veces más ácido fólico de lo habitual. Unos niveles bajos de esta vitamina pueden producir malformaciones en el tubo neural del embrión, el cual se empieza a formar muy pronto en la gestación, alrededor del día 18, y termina de cerrarse unos días después. De ahí la importancia de que se suplemente con ácido fólico lo antes posible, ya que es especialmente impor-

151

tante durante el primer mes, cuando muchas mujeres aún no saben que están embarazadas.

El tubo neural es lo que más tarde dará lugar al cerebro y a la médula espinal, por lo que deficiencias en ácido fólico pueden resultar en defectos congénitos en estas estructuras. No se sabe con seguridad por qué el ácido fólico es importante en el desarrollo del tubo neural, pero una hipótesis es que podría tener que ver con su papel en la síntesis de nucleótidos (las unidades básicas del ADN y el ARN). Por lo tanto, el ácido fólico podría ser especialmente importante para la rápida expansión en el número de células que tiene lugar durante la formación del tubo neural (para lo cual es necesario que se formen nuevas moléculas de ADN).

Además, el ácido fólico podría ser importante también en otras etapas de nuestra vida. Se ha viso que unos niveles insuficientes de este compuesto están asociados a un mayor riesgo de demencia y deterioro cognitivo.

Hay otras vitaminas del grupo B que reciben el nombre de neurotrópicas por la especial relevancia que tienen para la salud del sistema nervioso. Son la vitamina B1 (tiamina), B6 (piroxidina) y B12 (cobalamina). Prueba de la importancia de estas vitaminas para el funcionamiento de nuestros nervios son las distintas afecciones neurológicas causadas por deficiencias en vitaminas de este grupo, como el beriberi, la encefalopatía de Wernicke, la degeneración combinada subaguda medular o la neuropatía periférica.

De manera natural, nuestro sistema nervioso periférico (la red de nervios que recorre nuestro cuerpo) sufre daños y se regenera a sí mismo. La vitamina B1 ayuda a metabolizar los hidratos de carbono, lo que proporciona la energía necesaria para regenerar los nervios, además de actuar como antioxidante. La vitamina B6 es esencial para el metabolismo de aminoácidos, los cuales son claves para sintetizar neurotransmisores. Por último, la vitamina B12 ayuda a for-

ALIMENTACIÓN

mar la capa de mielina que recubre los axones y a mantener en buen estado las vainas de mielina ya existentes.

Por lo tanto, vemos que estas vitaminas son esenciales para un buen funcionamiento de nuestros nervios. Hay que tener en cuenta que una deficiencia en estas vitaminas no siempre se debe a una ingesta insuficiente de alimentos que las contengan, sino que hay otros factores que pueden influir. Por ejemplo, algunos medicamentos, el abuso crónico de alcohol o el hipotiroidismo pueden reducir la absorción de este tipo de vitaminas.

Sería posible profundizar en más vitaminas, pero nos podemos quedar con el mensaje de que las vitaminas son importantes para el correcto funcionamiento del sistema nervioso.

Por último, veamos brevemente cómo los minerales también son relevantes. A diferencia de las vitaminas, son micronutrientes inorgánicos. En concreto, son elementos químicos (es decir, los que encontramos en la tabla periódica). Algunos de ellos se encuentran en grandes cantidades en el cuerpo, mientras que la presencia de otros es mucho menor.

El hierro es necesario para casi todas las formas de vida, desde bacterias a humanos. Sus funciones son múltiples; por ejemplo: el transporte de oxígeno, la producción de energía y la síntesis de ADN. La deficiencia de hierro es una de las deficiencias de micronutrientes más comunes en el mundo. Afecta principalmente a mujeres en edades fértiles (en el embarazo se aumenta el riesgo) y niños pequeños, ya que se necesita más hierro en periodos de crecimiento rápido. El hierro es esencial en varios procesos del desarrollo cerebral, y se ha visto que una deficiencia de hierro durante el desarrollo podría llevar a cambios a largo plazo en el gen que produce la proteína BDNF. Por otro lado, el hierro también es necesario para que funcionen las enzimas que producen varios neurotransmisores. Por todo ello, se ha hipotetizado que es probable que una deficiencia de hierro durante el desarrollo embrionario o la primera infancia tenga un impacto en el desarrollo cognitivo, aunque aún es pronto para afirmarlo con rotundidad. Principalmente, podemos encontrar hierro en carne y marisco, además de en legumbres, espinacas y frutos secos.

El zinc es necesario para la neurogénesis, la migración de neuronas, la creación de nuevas sinapsis y la regulación del neurotransmisor glutamato. Parte del zinc que existe en el cerebro se encuentra guardado en vesículas en los terminales sinápticos de neuronas que producen glutamato, de manera que, cuando se libera este neurotransmisor, el zinc también se libera al espacio sináptico y ejerce su función en esa sinapsis. Algunos alimentos ricos en zinc son la carne y el marisco y, en menor medida, legumbres y cereales.

Otro mineral esencial para nuestro cerebro es el yodo. Cuando no se consume suficiente cantidad a través de la dieta, no se produce la cantidad necesaria de hormona tiroidea. Esto puede dar lugar, a su vez, a dificultades cognitivas. El embarazo, de nuevo, es un periodo especialmente importante, ya que una deficiencia grave de este mineral durante el desarrollo embrionario puede resultar en retrasos en el crecimiento y en discapacidad intelectual. Podemos encontrar yodo en algas, pescado y productos lácteos. Sin embargo, para evitar deficiencias de yodo, en muchos países se fortifica la sal de mesa con yodo.

La fortificación de alimentos es una medida de prevención de salud pública que resulta económica y fácil de mantener en el tiempo. En el caso de la sal yodada, quizá la ventaja más obvia sea que casi todas las personas usan sal en su alimentación de manera estable durante el año. Por otro lado, la producción de sal se limita a unos pocos centros, lo que facilita el control de calidad. Además, el yodo no altera el sabor o el olor de la sal. Sin embargo, no es una solución perfecta para todo el mundo, ya que en algunos países hay una preferencia por otros tipos de sal.

No son los únicos minerales que adquirimos mediante la dieta que resultan importantes para el cerebro, ya que el magnesio, el cobre, el selenio o el potasio, por ejemplo, también tienen un papel fundamental.

Por último, no siempre más es mejor. En el caso del hierro, el zinc o el cobre, niveles demasiado altos pueden ser peligrosos para nuestra salud.

Polifenoles

Es posible que hayas oído hablar de los beneficios del resveratrol de las uvas o los flavonoides del té verde o el cacao. Pero ¿qué son estas sustancias? Y lo más importante, ¿son saludables para nuestro cerebro?

Estamos hablando de polifenoles, que son compuestos químicos que se encuentran en las plantas de manera natural y que las protegen frente a agresiones como la radiación ultravioleta o los patógenos, al reducir el estrés oxidativo. Además, contribuyen al sabor amargo, aroma y color de las plantas.

Los estudios epidemiológicos sugieren que una alimentación rica en polifenoles está asociada a una mejor salud cardiovascular y a un menor riesgo de enfermedades neurodegenerativas. Quizá los polifenoles más estudiados sean el resveratrol (presente en la piel de uvas, arándanos y frambuesas), la curcumina (que, como su nombre indica, se encuentra en la cúrcuma) y las antocianinas (abundantes en frutos del bosque). Aunque se ha observado que la curcumina y el resveratrol pueden cruzar la barrera hematoencefálica, tienen poca biodisponibilidad, es decir, no se absorben bien y solo una pequeña cantidad llega a la sangre. Una manera de aumentar la biodisponibilidad de la curcumina es añadir pimienta negra a los alimentos a los que añadamos cúrcuma.

Algunos científicos hipotetizan que la baja incidencia de alzhéimer en la India, donde se consume cúrcuma a diario, podría deberse a esta especia. Sin embargo, como ya sabemos, correlación no implica causalidad y es difícil atribuir un beneficio de salud al uso de una especia o un alimento concreto, ya que es complicado separar su efecto del resto. Para eso no basta con observar la alimentación de la población general, sino que es necesario hacer experimentos. Se han llevado a cabo numerosos estudios para investigar la posible aplicación de la curcumina como terapia en enfermedades neurodegenerativas. En ratas, se ha observado que la ingesta de curcumina está asociada a un mejor desempeño cognitivo y a una mayor formación de nuevas neuronas. Quizá lo más interesante de todo en cuanto a su posible papel neuroprotector sea que, en diferentes modelos animales de enfermedades neurodegenerativas como alzhéimer, párkinson o enfermedad de Huntington, se ha visto que la curcumina puede unirse a las distintas proteínas que se encuentran alteradas en estas enfermedades y evitar que se agreguen, lo que reduce la muerte neuronal.

Sin embargo, hay que tener en cuenta que estos resultados se han encontrado en células o en ratones; por lo tanto, aún no se pueden extrapolar a humanos. Como hemos dicho, además, la biodisponibilidad de la curcumina es baja y muchas veces las dosis usadas en estudios con animales no serían realistas si se aplicaran a humanos teniendo en cuenta la diferencia en peso.

Algo similar pasa con la canela y el cacao. Aunque se han encontrado posibles efectos neuroprotectores que se atribuyen a su alto contenido en polifenoles, los datos de los que se dispone son limitados.

ALIMENTACIÓN

Por lo tanto, hay que guardar cautela en cuanto a las posibilidades de los polifenoles, pero, si disfrutamos de ellos, puede ser interesante incluir productos como la cúrcuma, la canela, el cacao o el té verde en nuestra alimentación.

Ayunar o no ayunar

Además de considerar los nutrientes que ingerimos, otra cuestión que podemos tener en cuenta es cuándo lo hacemos. Lejos de ser una moda actual, los periodos largos sin consumir alimentos han sido algo común a lo largo de la historia, ya fuera por escasez de comida o por prácticas religiosas.

Existen diferentes tipos de ayuno: pasar varios días enteros sin comer, los ayunos intermitentes en los que se come de manera habitual durante cinco días a la semana y se ayunan dos, o las restricciones horarias donde solo se come durante una ventana de tiempo concreta cada día. Esta última opción es quizá la que más se ha popularizado en los últimos años. Normalmente, el ayuno tiene que ser de un mínimo de diez horas, lo que no es muy difícil de conseguir si se duermen siete u ocho horas al día. Con cenar un par de horas antes de irse a dormir o no desayunar nada más despertarse, ya estaríamos siguiendo un patrón 14/10 (catorce horas de ventana para comer durante el día y diez horas de ayuno). Sin embargo, otros patrones típicos incluyen ayunos de doce, dieciocho o veinte horas. A menudo, esta manera de alimentarse se propone como una forma de conseguir una pérdida de peso. Sin embargo, me voy a centrar en los potenciales beneficios del ayuno para nuestro cerebro.

Varios estudios han mostrado que diferentes protocolos de ayuno pueden conllevar efectos positivos mediante distintos mecanismos, como un aumento de BDNF, una mayor neurogénesis en el hipocampo y un rejuvenecimiento del sistema inmunitario. Sin embargo, muchos de estos resultados son aún preliminares, ya que buena parte de los estudios se han realizado en animales; además, no se sabe hasta qué punto los posibles beneficios se deben al ayuno en sí o a una reducción en el número de calorías que se consumen.

Sin embargo, lo más importante que hay que tener en cuenta es que a algunas personas el ayuno les puede causar ciertos problemas. Por un lado, los estudios han mostrado que las personas que ayunan de manera frecuente durante más de dieciséis o dieciocho horas al día pueden tener un mayor riesgo de desarrollar cálculos biliares. Por otro lado, las mujeres pueden sufrir alteraciones hormonales si hacen ayunos largos. Así pues, en caso de querer probar el ayuno intermitente, suele recomendarse que no se excedan las catorce horas sin ingerir alimentos.

Además, el ayuno intermitente se asocia con un mayor riesgo de desarrollar un trastorno de la conducta alimentaria o de exacerbar sus síntomas, por lo que está especialmente desaconsejado en personas con una mala relación con la comida. Esto, que puede sonar muy abstracto, incluye compensar la ingesta de comida con ejercicio físico, comer a menudo hasta llenarse demasiado, experimentar culpa al comer alimentos que se consideran «malos» o sentir ansiedad ante según qué tipos de comida.

Por último, el ayuno intermitente tampoco se recomienda durante el embarazo o la lactancia, en ancianos frágiles, en personas con inmunodeficiencias o con diabetes, entre otros grupos de riesgo.

Más que nutrientes

Ahora que hemos visto la importancia de la alimentación en nuestra salud cerebral, es importante poner las cosas en con-

ALIMENTACIÓN

texto. La comida nos aporta mucho más que nutrientes. No podemos ignorar el placer que nos puede proporcionar y su valor emocional, social y cultural. Una de las cosas que las personas que emigran suelen echar de menos, más allá de sus seres queridos, es la comida de su país de origen.

Como especie, damos un valor simbólico a la comida que va mucho más allá de la capacidad de alimentarnos. La comida es una parte importante de la mayoría de las celebraciones como reuniones familiares, cumpleaños o bodas. Asociamos diferentes tipos de alimentos a contextos distintos, lo cual a su vez está muy influido por la cultura a la que pertenecemos. Hay platos o dulces que reservamos para fechas especiales. También tendemos a asociar diferentes tipos de alimentos con momentos del día concretos, en función del lugar del mundo donde nos hayamos criado. Mientras para muchas personas en España lo normal es desayunar leche con cereales o un café con una tostada, en Costa Rica es común empezar el día con un gallo pinto (un plato con arroz y alubias pintas).

Por otro lado, somos mucho más que lo que comemos. Nuestra alimentación no define nuestra valía. Que nos alimentemos de manera más o menos saludable no nos hace mejores o peores personas.

Nuestras preferencias por unos sabores u otros están condicionadas por nuestro pasado evolutivo, al menos en parte. A la mayoría de las personas le resulta agradable el sabor dulce que indica que un alimento es rico en azúcares (y, por lo tanto, tiene gran poder energético), el sabor salado típico de alimentos ricos en minerales o el sabor umami presente en alimentos abundantes en aminoácidos. Sin embargo, el sabor amargo nos suele resultar desagradable, quizá porque nos ayude a evitar sustancias potencialmente tóxicas.

Sin embargo, además de nuestro pasado evolutivo, las primeras experiencias influyen en las preferencias alimentarias. De manera similar a lo que hemos visto en el caso de los sentidos de la vista y el oído, nuestro cerebro sufre cambios plásticos en respuesta a los compuestos químicos responsables de los sabores de la comida. Se ha visto que el tipo de alimentos y bebidas que la madre consume durante el embarazo y la lactancia influye en las preferencias de los bebés por ciertos sabores.

Esto no quiere decir que no podamos cambiar nuestros gustos de adultos. Por supuesto, hay muchas otras cosas que afectan a nuestras elecciones alimentarias. Un ejemplo son los alimentos hiperpalatables, capaces de activar nuestro sistema de recompensa en mayor medida y de alterar las sensaciones de saciedad, lo que hace que nos cueste dejar de comerlos. Este tipo de comida se caracteriza por tener un alto contenido en grasa, sal, azúcar y otros hidratos de carbono. No son alimentos que podamos encontrar de forma natural, sino que se trata de productos ultraprocesados. Si nos acostumbramos a consumirlos frecuentemente, es posible que los alimentos naturales nos resulten insulsos.

En el contexto actual parece lógico pensar que la gran disponibilidad de productos ultraprocesados pueda influir en nuestra toma de decisiones. La mayoría de los supermercados les dedican varios pasillos enteros, recibimos publicidad que los asocia a la diversión o la felicidad, y podemos encontrar esta opción en máquinas dispensadoras en muchos sitios, incluidos centros educativos y hospitales. Si combinamos su fácil acceso con su hiperpalatabilidad, resulta sencillo entender cómo podemos llegar a priorizar estos productos frente a alternativas más saludables en determinadas circunstancias.

Por último, aunque haya hecho un recorrido por los diferentes tipos de nutrientes, a la hora de elegir qué comer es importante tener en cuenta los alimentos enteros y la alimentación global que llevamos. Si no, corremos el riesgo de que nos hagan creer que unas galletas de desayuno hechas con harinas refinadas, azúcar y aceite de girasol son saludables porque lleven vitaminas y minerales añadidos, o que beber una copa de vino al día es recomendable para nuestra salud porque lleva resveratrol, ignorando los efectos perjudiciales del alcohol para el cerebro y el cuerpo en general.

Una vez que hemos bebido suficiente agua, hemos descansado y nos hemos alimentado, es hora de mover el cuerpo y disfrutar de las bondades de la actividad física.

Para recordar

Una alimentación saludable es crucial para mantener una buena salud cerebral.

17

Actividad física

Seguramente seas consciente de la importancia de realizar actividad física para gozar de buena salud. Es un mensaje que hemos oído una y otra vez, aunque no siempre sigamos las recomendaciones. La razón por la que profesionales de la salud y los divulgadores científicos insisten en este tema no es solo por todos los beneficios que nos otorga movernos, sino por el riesgo asociado a no hacerlo.

El sedentarismo se ha convertido en un gran problema de salud pública. En la sociedad actual, cada vez más personas pasan sentadas horas y más horas, tanto en el trabajo como durante el tiempo de ocio y los desplazamientos. La Organización Mundial de la Salud estima que un estilo de vida sedentario podría estar entre las diez causas principales de muerte y discapacidad en el mundo.

Pero ¿por qué es tan dañino el sedentarismo? Entre otras cosas, aumenta el riesgo de enfermedades cardiovasculares, diabetes, hipertensión, depresión y ansiedad. Por lo tanto, realizar actividad física puede ayudarnos en muchos aspectos.

Cuando hablamos de actividad física no nos referimos solo a correr o ir al gimnasio. Estas serían formas de ejercicio físico, es decir, un tipo de actividad planeada, estructu-

ACTIVIDAD FÍSICA

rada y repetida. Limpiar la casa, ir a comprar o dar un paseo también son formas de actividad física. Por lo tanto, todo lo que implique no estar sentados o tumbados sin movernos es beneficioso, aunque hay ciertas ventajas adicionales que podemos obtener con el ejercicio físico.

Como siempre, nos vamos a centrar en los beneficios para nuestra salud cerebral y la neuroplasticidad. Numerosos estudios han observado una relación entre la actividad física y un mejor estado de ánimo y cognición.

En cuanto al estado de ánimo, el ejercicio físico puede ayudar a prevenir y aliviar la depresión. En un artículo de 2024 que analizó los resultados de más de doscientos estudios, se concluyó que el ejercicio físico tenía un efecto moderado sobre ella. Entre las actividades en las que se observó un mayor beneficio destacaban el caminar, el correr, el yoga, el entrenamiento de fuerza y el bailar. Por otro lado, los beneficios aumentaban cuanto mayor era la intensidad de la actividad.

Es difícil saber exactamente a qué se deben tales efectos, pero los expertos apuntan a que podría ser una combinación de mecanismos neurobiológicos resultado del ejercicio físico y otros aspectos como la interacción con otras personas, la necesidad de estar en el presente para realizar el ejercicio, el aumento en la autoeficacia (la opinión que tiene uno sobre su propia capacidad de hacer algo) o la inmersión en espacios verdes si el ejercicio se realiza al aire libre.

Además, el ejercicio físico también tiene efectos positivos sobre la cognición, tanto en niños como en adultos. Algunos de ellos se pueden observar inmediatamente, mientras que otros ocurren a largo plazo. Por ejemplo, una sesión de ejercicio aeróbico moderado puede mejorar temporalmente funciones ejecutivas como inhibir una conducta no deseada, alternar entre diferentes tareas y almacenar temporalmente información para procesarla. Estas funciones cognitivas se relacionan con el lóbulo prefrontal, por lo que en niños y adolescentes aún no están completamente desarrolladas. Estos resultados sugieren que los descansos donde se realiza ejercicio físico moderado pueden facilitar el aprendizaje en el aula. Otra función cognitiva que también puede mejorar después de una sesión de ejercicio físico es la memoria. En concreto, se ha visto que realizar ejercicio físico después de una tarea que implique memorizar puede ayudar a consolidar lo aprendido.

Más allá de los efectos inmediatos, realizar actividad física de manera habitual puede tener beneficios en la cognición a largo plazo. Junto con un estilo de vida estimulante desde un punto de vista cognitivo y social, es uno de los factores modificables que pueden ayudar a prevenir la demencia y retrasar el deterioro cognitivo asociado a la edad. De hecho, de estos tres pilares (cognitivo, social y físico), la actividad física parece ser el que tiene un mayor efecto.

En cuanto a los mecanismos biológicos detrás de todos estos efectos beneficiosos de la actividad física, se hipotetiza que puede ser una combinación de varios procesos.

Por un lado, cuando hacemos ejercicio aeróbico provocamos que el corazón bombee más rápido, lo que aumenta el flujo sanguíneo por todo el cuerpo, incluido el cerebro. Esto puede aumentar el rendimiento cognitivo cuando acabamos una sesión de ejercicio. A largo plazo, el riesgo de enfermedades cardiovasculares y diabetes se reduce, lo que a su vez protege el cerebro.

Más allá de mejorar nuestra salud cardiovascular, el ejercicio físico promueve la plasticidad cerebral. Se cree que uno de los principales factores involucrados es el BDNF, una molécula que promueve la plasticidad sináptica, el desarrollo neuronal, la neurogénesis y la supervivencia de neuronas. Se ha visto que tanto el ejercicio físico aeróbico (por ejemplo, correr) como el de fuerza (hacer pesas, flexiones, planchas, dominadas, etc.) aumentan los niveles de BDNF.

Un incremento en la concentración de BDNF se asocia con una mejora en memoria espacial y aprendizaje, además de con un mayor tamaño del hipocampo, una estructura subcortical fundamental en estas funciones cognitivas, que además es de las pocas regiones del cerebro que puede producir nuevas neuronas. Con la edad, nuestros niveles de BDNF tienden a disminuir, y el hipocampo es menos capaz de producir nuevas neuronas. Se cree que el ejercicio físico puede ayudar a mitigar estas pérdidas asociadas a la edad.

Además, el aumento en los niveles de BDNF podría tener relación con los efectos beneficiosos del ejercicio físico en personas con depresión. Esto coincide también con los estudios que sugieren que parte de los efectos de los medicamentos antidepresivos se debe a un aumento en los niveles de BDNF en el cerebro.

Por supuesto, esto no significa que todos los efectos positivos del ejercicio físico en el estado de ánimo se deban al BDNF. Otras moléculas que podrían estar involucradas son neuromoduladores como los opioides endógenos y los endocannabinoides, los cuales también aumentan después de hacer ejercicio. Hablamos de ellos en el capítulo 8, cuando nos referimos al lado oscuro de la neuroplasticidad. Los opioides endógenos están involucrados en la modulación del dolor, la recompensa y la respuesta al estrés, e incluyen moléculas como las endorfinas. Aunque tradicionalmente se ha atribuido el «subidón del corredor» a los opioides endógenos, los endocannabinoides también podrían estar implicados.

Por otro lado, al contraer los músculos cuando hacemos ejercicio físico, estos también secretan citoquinas con efectos antiinflamatorios que actúan localmente y en otros tejidos. Como hemos visto, encontrar el equilibrio en la respuesta inflamatoria también es importante para el cerebro. Sin embargo, como sabemos, no siempre más es mejor. Si entrenamos mucho y no descansamos lo suficiente entre sesiones, probablemente aumentarán los niveles de las citoquinas proinflamatorias. Esto puede provocar el síndrome de sobreentrenamiento, que incluye síntomas como fatiga, problemas de sueño, debilidad, pérdida de peso o una mayor susceptibilidad a sufrir una lesión. Por lo tanto, la actividad física en general y el ejercicio físico en particular pueden ser muy beneficiosos, pero es fundamental descansar y nutrirse adecuadamente. Por supuesto, es importante encontrar una actividad que nos resulte agradable, ya que, de lo contrario, será difícil que mantengamos en el tiempo el hábito de hacer ejercicio.

Más allá de los mecanismos moleculares, hay otros aspectos de la actividad física que también contribuyen a nuestra salud cerebral. El hecho de movernos al aire libre puede tener beneficios extra, especialmente si se trata de espacios verdes y azules.

Para recordar

Mantenernos físicamente activos es importante para gozar de una buena salud cerebral.

18

Aire libre y naturaleza

Pasar tiempo al aire libre tiene múltiples ventajas para la salud, sobre todo si es en un entorno con poca contaminación. En este capítulo vamos a centrarnos en los efectos positivos de la exposición a la luz solar y el contacto con la naturaleza.

Luz solar

Como ya comentamos en el capítulo 15 sobre el sueño, seguir un horario acorde a nuestros ritmos biológicos puede ayudarnos a dormir mejor. En concreto, nos referimos a los ritmos circadianos, es decir, cambios que se producen en nuestro organismo en ciclos de alrededor de un día.

Aunque no siempre seamos conscientes, nuestra temperatura corporal, atención o señales de hambre fluctúan a lo largo de veinticuatro horas de una manera muy similar día tras día. Tales cambios están regulados por algo que se conoce como reloj interno o reloj biológico, que en mamíferos se encuentra en una estructura subcortical del cerebro denominada núcleo supraquiasmático del hipotálamo. Este reloj interno utiliza información externa para sincronizarse. De las señales que recibe del resto del cuerpo y del ambiente, la luz es la más importante. Por eso a muchas personas les cuesta menos madrugar en verano, cuando amanece temprano, y les entra sueño antes en invierno, cuando los días son más cortos. Aquí desempeña un papel fundamental la melatonina. Durante el día, las neuronas que reciben la información lumínica a través de la retina mandan una señal al núcleo supraquiasmático de que hay que inhibir la secreción de la melatonina. Al anochecer, la glándula pineal (otra estructura cerebral) comienza a producir melatonina, de manera que sus niveles irán aumentando a lo largo de la noche. Esta melatonina, a su vez, le sirve al núcleo supraquiasmático y a otras estructuras del cerebro como señal de oscuridad para regular los ciclos sueño-vigilia.

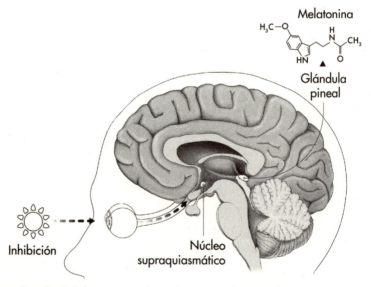

Cuando el núcleo supraquiasmático no detecta luz, la glándula pineal produce melatonina.

Este sistema funcionaba muy bien cuando los humanos nos guiábamos por la luz del sol. En la actualidad, estos

AIRE LIBRE Y NATURALEZA

ritmos circadianos pueden alterarse fácilmente si nos exponemos a luz artificial de alta intensidad durante la noche o
no nos exponernos lo suficiente a la luz natural durante el
día. Quizá seamos más conscientes del primer aspecto. Dentro de las recomendaciones para una buena higiene del sueño suele incluirse utilizar una luz tenue y cálida por la noche. Sin embargo, no solo es importante lo que hagamos en
las horas de oscuridad, ya que recibir suficiente luz de alta
intensidad durante el día es importante para que el sistema
circadiano funcione correctamente, lo que puede ayudar a
dormir mejor y tener un mayor bienestar en general. Esta
exposición a luz de alta intensidad por la mañana hace que la
melatonina nocturna se empiece a producir más temprano,
lo que nos permite conciliar el sueño antes. Además, recibir
suficiente luz por la mañana ayuda a tener menos somno-
lencia durante el día y a estar más atentos a lo que ocurre a
nuestro alrededor.

Por lo tanto, pasar tiempo al aire libre durante el día
puede ser beneficioso para nuestra salud. Para las personas
que trabajan en interiores, puede ser más difícil, sobre todo
en invierno, si al comenzar la jornada laboral está todavía
oscuro y al terminar ya es de noche. Siempre que sea posible, merece la pena sacar algo de tiempo para disfrutar de la
luz natural, incluso aunque sean solo unos minutos cada
mañana. Si no es posible, trabajar cerca de una ventana
puede ser buena idea, si tenemos esa opción.

Además de ser importante para descansar bien durante
la noche y estar más despiertos durante el día, la luz afecta
a nuestro estado de ánimo. Muchas personas se sienten más
decaídas cuando los días empiezan a hacerse más cortos, en
otoño e invierno. En algunos casos, estos cambios de estado
de ánimo son más acusados y los síntomas son los de una
depresión. Cuando esto ocurre, hablamos de trastorno afectivo estacional. La causa no está clara, pero se barajan va-

CEREBROTES

rias hipótesis. Por un lado, el desajuste del reloj interno en sí mismo podría causar síntomas depresivos. Por otro, es posible que la vitamina D también tenga su efecto, ya que existen receptores en el cerebro a los que se une, ejerciendo diferentes efectos que promueven la salud cerebral.

En el capítulo 16, en el que nos centramos en la alimentación, vimos cómo adquirimos la mayoría de las vitaminas mediante la dieta. En el caso de la vitamina D, solo obtenemos un pequeño porcentaje a través de la comida, ya que de manera natural hay poca vitamina D en plantas y animales. Algunos alimentos ricos en vitamina D son el pescado azul (como el salmón o la caballa), la yema de huevo, el aceite de hígado de bacalao o las setas *shiitake*. Sin embargo, la inmensa mayoría de la vitamina D que tenemos en nuestro cuerpo la conseguimos gracias a la radiación ultravioleta B de la luz solar, también llamada rayos UVB. Estos producen una reacción en un compuesto presente en la epidermis (la capa exterior de la piel) que lo convierte en vitamina D, aunque aún en una forma inactiva. Después de pasar por el hígado y los riñones, esta vitamina D se convierte en su forma activa. Como vemos, por lo tanto, la luz solar es necesaria en el primer paso que permite a nuestro cuerpo fabricar esta vitamina. Sin embargo, la producción de vitamina D por la exposición al sol puede verse reducida por una mayor pigmentación de la piel, la edad, o factores ambientales como el invierno, las latitudes altas o la contaminación.

La vitamina D es fundamental para la salud de nuestros huesos, ya que ayuda a que el calcio y el fósforo se absorban correctamente en el intestino; ambos necesarios para la mineralización de los huesos. Además, la vitamina D contribuye a regular el sistema inmunitario, pero aquí nos vamos a centrar, como siempre, en sus efectos en el sistema nervioso.

La vitamina D tiene un efecto neuroprotector. Regula la formación de neuronas y microglía, la neurotransmisión y

170

la plasticidad sináptica. Además, ayuda a mantener las neuronas vivas, al regular la producción de neurotrofinas, incluido el BDNF. Por otro lado, contribuye a mantener niveles de calcio adecuados dentro de las neuronas, lo cual es fundamental para su correcto funcionamiento. Por si todo esto no fuera suficiente, la vitamina D hace que se produzcan más moléculas con poder antioxidante.

Además de su posible papel en el estado de ánimo, numerosos estudios apuntan a que unos niveles bajos de vitamina D podrían contribuir a aumentar el riesgo de enfermedades neurodegenerativas como la esclerosis múltiple, el alzhéimer o el párkinson.

Como siempre, hay que tomar toda esta información con cautela. El hecho de que la vitamina D sea necesaria no significa que más sea siempre mejor ni que debamos ignorar los efectos perjudiciales de la radiación ultravioleta. No podemos olvidar que la exposición a la luz del sol también aumenta el riesgo de cáncer de piel. Si te estás preguntando si puedes producir vitamina D exponiéndote al sol con protección solar, la respuesta es no. Una crema con un factor de protección solar de 30 absorbe alrededor de un 95-98 por ciento de la radiación UVB, pero incluso una crema con un factor de protección 8 reduce considerablemente los niveles de vitamina D en sangre después de tomar el sol.

Por lo tanto, algunos expertos recomiendan exponer al sol brazos y manos durante unos minutos sin protección solar dos o tres días a la semana para poder producir suficiente vitamina D. El tiempo exacto aconsejado dependerá de muchos factores, como la pigmentación de nuestra piel, la latitud y altitud en las que nos encontremos, la hora del día o la estación del año, por lo que es difícil dar recomendaciones generales. Se considera una exposición sensata estar al sol durante menos de la mitad del tiempo que sería necesario para que la piel se enrojeciera ligeramente al día siguiente. Con exponer alrededor de un 20 por ciento de nuestro cuerpo (por ejemplo, los brazos o parte de las piernas) sería suficiente. Se suele recomendar protegerse la cara con protección solar, ya que contribuye poco a producir vitamina D y su piel es más proclive a sufrir daños.

Antes hemos dicho que trabajar cerca de una ventana puede ser una buena opción para ayudar a sincronizar nuestros ritmos circadianos. Sin embargo, los rayos UVB no atraviesan el cristal, por lo que necesitamos exponernos directamente a la luz natural para sintetizar vitamina D. Sin embargo, los rayos UVA sí atraviesan el cristal, como habrá podido comprobar cualquier persona que haya visto cómo se enrojecía su piel después de un viaje largo en coche en un día soleado.

Otra alternativa sería conseguir esta vitamina a través de suplementos. En algunos casos, esta puede ser una buena opción. Por ejemplo, se recomiendan los suplementos de vitamina D en bebés que se alimenten exclusivamente de leche materna (en el caso de la leche de fórmula, ya se encuentra fortificada con vitamina D). En algunos países de latitudes altas se recomienda a la población general tomar suplementos de vitamina D durante los meses de invierno. Sin embargo, la suplementación no está siempre recomendada y hay que tener en cuenta que niveles demasiados altos de vitamina D pueden tener efectos perjudiciales, por lo que es recomendable consultar con un profesional de la salud.

En el caso del trastorno afectivo estacional, los estudios apuntan a que la terapia de luz brillante en la que se emplean lámparas especiales podría resultar efectiva para algunas personas, aunque no es recomendable para todo el mundo.

Como hemos visto en esta sección, la luz tiene una gran influencia en nuestra salud. A continuación, vamos a centrarnos en otro aspecto de pasar tiempo al aire libre que también tiene un efecto beneficioso: disfrutar de la naturaleza.

Naturaleza

Pasar tiempo en espacios naturales es bueno para nuestra salud. Quizá el efecto más evidente sea la increíble capacidad de la naturaleza de proporcionarnos sensación de bienestar. Muchas personas han experimentado el poder restaurador de caminar por un bosque o de sentarse junto al mar. Los efectos del contacto con la naturaleza en nuestra salud han sido investigados principalmente en tres campos: salud mental, cognición y salud física.

Cuando hablamos de naturaleza, solemos referirnos tanto a espacios verdes como azules, ya sea en entornos completamente naturales como en zonas urbanas. Ejemplos de espacios verdes serían bosques y reservas naturales, pero también parques y jardines dentro de una ciudad. Los espacios azules incluirían playas y zonas costeras, ríos y lagos.

Numerosos estudios han mostrado que el contacto con espacios naturales puede asociarse con un mayor bienestar y una mejor salud mental. En concreto, se ha observado una mejora en el estado de ánimo, la autoestima y la vitalidad, además de una disminución en el estrés, la agitación, la depresión y la ansiedad. Entre los efectos sobre la cognición, destaca el aumento en la capacidad de atención. En cuanto a la salud física, vivir cerca de espacios verdes se asocia con un menor riesgo de enfermedades cardiovasculares. Además, cuanta más exposición tengamos a espacios verdes, mejor será la calidad de nuestro sueño.

Pero ¿por qué tiene todos estos beneficios pasar tiempo en espacios naturales? Por un lado, tantos las zonas verdes como las azules pueden contribuir a que respiremos un aire más limpio, lo cual tendrá un efecto positivo en nuestra salud. Además, vivir cerca de la naturaleza nos incita a movernos más, ya que es más agradable salir a pasear o a hacer ejercicio en un parque con árboles o al lado del mar que en mitad de la ciudad, rodeados de tráfico, ruido, contaminación y peatones con prisa.

Más allá de promover la actividad física, la mera contemplación de espacios naturales tiene efectos restaurativos. Es posible que haber evolucionado en entornos naturales provoque que tengamos una necesidad innata de estar en contacto con otros seres vivos y que los ambientes con agua, vegetación, vistas al horizonte y otros elementos que ayudaron a que nuestros ancestros sobrevivieran reduzcan nuestra respuesta al estrés. Por otro lado, también se cree que los entornos naturales podrían permitir que nuestra atención se recargue, ya que hay menos estímulos distractores que en ambientes urbanos y no necesitamos estar pendientes de semáforos, peatones o tráfico. También se ha observado que un paseo por la naturaleza puede reducir la rumiación mental, un patrón de pensamiento repetitivo sobre las causas y las consecuencias de nuestro malestar asociado a mayor riesgo de depresión y a otros problemas de salud mental.

Además, así como los entornos naturales nos animan a pasar más tiempo al aire libre, también nos proporcionarán los beneficios asociados a una mayor exposición a la luz solar de los que hemos hablado.

Por último, también ofrecen un buen lugar para socializar, ya sea corriendo en grupo por un parque, jugando al vóley playa, practicando surf o yendo de excursión a la montaña con amigos. En el siguiente capítulo vamos a ver la importancia de las relaciones sociales para nuestra salud cerebral.

Para recordar

Pasar tiempo al aire libre, especialmente en entornos naturales, es beneficioso para nuestra salud mental.

19
Relaciones sociales

Los seres humanos somos una especie tremendamente social. A pesar de que el grado de colectivismo varíe entre culturas, seguimos necesitando cooperar con otras personas para sobrevivir y prosperar. Aunque suela ponerse el énfasis en nuestras decisiones individuales para llevar unos hábitos de vida saludables, no debemos olvidar que vivimos en comunidades que también tienen un impacto en nuestra salud y en nuestros comportamientos. Desde el entorno más cercano hasta desconocidos con los que interactuamos puntualmente, pasando por los mensajes que recibimos a través de medios de comunicación, redes sociales y publicidad, para bien o para mal, nuestro contexto nos influye.

A pesar del individualismo actual de muchas sociedades occidentales, los seres humanos hemos vivido en grupos desde hace cientos de miles de años, de manera que hemos evolucionado para conectar con otras personas. Con tan solo un año de vida, ya intentamos consolar a alguien que lo está pasando mal. Entre los catorce y los dieciocho meses de edad, comenzamos a mostrar comportamientos altruistas al ayudar a otras personas a conseguir sus objetivos. Por ejemplo, si un niño de esta edad ve a un adulto que intenta alcanzar un objeto y no lo consigue, lo más probable es que le ayude si le es posible. Los humanos también experimentamos emociones sociales como la culpa, que nos aleja de comportamientos antisociales. Todo esto nos da una idea de la importancia de haber evolucionado en sociedad.

Por supuesto, no todas las relaciones sociales son positivas ni nos sentimos conectados con todas las personas con las que interactuamos. Alguien puede sentirse solo aunque esté rodeado de gente. También se puede dar el caso contrario. Alguien puede tener pocos contactos sociales y no sentirse solo. Y es que la soledad es una experiencia subjetiva de aislamiento social que se da cuando no tenemos el nivel de conexión social que desearíamos. Por lo tanto, es independiente del tiempo que pasemos a solas.

La soledad es mala para la salud. Está asociada con hipertensión, problemas en el sistema inmunitario, peor salud mental y un mayor riesgo de sufrir deterioro cognitivo y demencia. Por lo tanto, es importante cuidar nuestras relaciones y asegurarnos de que estemos cubriendo nuestras necesidades de conexión social y de que nuestros seres queridos no se sientan solos.

Se ha visto que la experiencia de soledad cambia nuestros cerebros. Uno de los cambios más significativos se ha encontrado en la red neuronal por defecto, un conjunto de regiones cerebrales que tienden a activarse a la vez cuando no estamos prestando atención a nada concreto. Como seguramente habrás notado, no podemos dejar la mente en blanco. En cuanto tenemos un rato libre, nuestra mente empieza a recordar cosas, a pensar en lo que tenemos que hacer o a imaginar conversaciones que nos gustaría tener. Este es el tipo de pensamientos asociados con la red neuronal por defecto. Se cree que en personas que sienten soledad los cambios en la actividad de estas regiones cerebrales podrían reflejar una mayor tendencia a dirigir la atención a su propio mundo interior.

RELACIONES SOCIALES

La conexión social puede actuar como antídoto de la soledad. Algo que quizá nos pueda sorprender es que tener relaciones sociales más fuertes aumenta la probabilidad de vivir más tiempo. Algunos de los aspectos que salen beneficiados de tener apoyo social son nuestros sistemas cardiovascular, inmunitario y endocrino. Pero ¿a qué se deben tales efectos?

Por un lado, tener una vida socialmente activa puede incentivarnos a mantener hábitos saludables como realizar actividad física o pasar más tiempo al aire libre, lo que, como ya hemos visto, contribuye a nuestra salud cerebral. Pero más allá de estos efectos indirectos, se cree que contar con apoyo social puede reducir el impacto que tiene el estrés en nuestro cuerpo. Los niveles altos de estrés están asociados con una elevación de la tensión arterial, la inflamación y el cortisol, factores relacionados con problemas de salud. El apoyo social podría reducir las consecuencias negativas del estrés sobre nuestro organismo. Además, sentir que contamos con cierto apoyo nos ayuda a ser más resilientes, es decir, a ser más capaces de recuperarnos después de vivir situaciones adversas que provocan gran estrés.

El apoyo social puede venir en forma de ayuda instrumental, informativa o emocional. Lo primero hace referencia a la ayuda material, ya sea económica o con diferentes tareas. Por ejemplo, saber que, si lo necesitáramos, algún familiar o amigo podría acogernos en su casa supone un gran alivio, sobre todo si nos encontramos en una situación de desempleo o precariedad. Por otro lado, contar con alguien que nos ayude con tareas cotidianas después de una operación médica o de tener un hijo puede hacer esta época mucho menos estresante. Por eso es tan importante saber que contamos con alguien que estará ahí si lo necesitamos (y que nosotros estaremos para ellos).

Pero además de este tipo de ayuda, que podríamos con-

177

siderar favores, no hemos de desestimar la importancia de la que viene en forma de consejos e información, que puede servir para solucionar nuestros problemas de manera más rápida.

Por último, la ayuda emocional también es de gran importancia. Aunque no nos puedan dar soluciones a nuestros problemas, sentirnos escuchados desde la empatía y sin que nos juzguen puede hacernos sentir mejor.

Lo interesante es que ni siquiera es necesario recibir ninguno de estos tipos de ayuda para contar con los beneficios del apoyo social. El mero hecho de creer que otras personas nos ofrecerán su ayuda si la necesitamos puede contribuir a reducir el estrés, al hacer que nos sintamos más capaces de enfrentarnos a la situación. Ya lo dice el refrán: quien tiene un amigo tiene un tesoro.

Otro beneficio de la interacción social es la risa, una forma no verbal típica de los humanos de expresar buenas intenciones. De hecho, el carácter social de la risa es evidente si tenemos en cuenta que la probabilidad de que nos riamos es mucho mayor si estamos en un contexto social que cuando estamos solos. No sé si te habrá pasado alguna vez que el mismo cómico te hace reír mucho más cuando escuchas un monólogo suyo con más personas a tu lado que cuando lo haces en la soledad de tu casa. La risa es contagiosa. Reír junto a otras personas puede ayudarnos a sentir más conexión con ellas y a reducir nuestros niveles de estrés. Este efecto sobre el estrés podría tener que ver con la disminución de cortisol que se observa después de reírnos.

El cortisol es una hormona necesaria que se produce en las glándulas adrenales, situadas encima de nuestros riñones. Por la mañana, nuestros niveles de cortisol aumentan, lo que nos ayuda a estar más despiertos. En situaciones de estrés agudo (es decir, de corta duración), el cortisol ayuda a que aumente la glucosa en sangre, de manera que haya

RELACIONES SOCIALES

energía suficiente para el cerebro y los músculos. Esto nos permite salir de la situación de peligro (si fuera el caso), además de promover un estado de alerta y motivación para conseguir nuestro objetivo. Este estrés puede surgir tanto en momentos de peligro real como en situaciones cotidianas que percibamos como amenazantes, como, por ejemplo, hablar en público o hacer un examen. En estos casos, el cortisol puede ser útil.

Sin embargo, el estrés crónico (es decir, sostenido en el tiempo) provoca una sobreexposición al cortisol y otras hormonas del estrés que pueden tener consecuencias negativas para nuestra salud, lo que aumenta el riesgo de ansiedad, depresión, problemas de sueño, enfermedades cardiovasculares y dolores de cabeza. Por lo tanto, es fácil entender cómo la risa podría contribuir a amortiguar los efectos del estrés al reducir los niveles de cortisol. Pero incluso aunque no nos riamos, el mero hecho de bromear con amigos o entender una broma interna puede tener efectos positivos en nuestro estado de ánimo.

Si reír y compartir momentos de humor con seres queridos es bueno para la salud y nos ayuda a reforzar esos vínculos, llorar también puede resultar beneficioso para nuestras relaciones. Aunque algunas personas vean el acto de llorar como algo íntimo que debe evitarse a toda costa en público, desde un punto de vista evolutivo, llorar es una manera de fortalecer nuestros lazos sociales.

Las lágrimas emocionales son un signo de que alguien necesita apoyo, por lo que tienden a promover actitudes prosociales en los demás. Las lágrimas ayudan a reforzar la emoción de tristeza ante los observadores, haciendo que las personas que nos rodean intenten ayudarnos. Se ha visto en experimentos que, al quitar las lágrimas de fotografías mediante edición digital, las expresiones faciales de esas personas suelen generar confusión, ya que se pueden interpretar como asombro, preocupación, susto o contemplación. Por lo tanto, las lágrimas hacen que la tristeza sea menos ambigua. De hecho, los estudios indican que las personas que no lloran suelen recibir menos apoyo emocional. Por otro lado, cuando no lloramos de tristeza, sino de emoción en momentos especiales para nuestros seres queridos, se refuerza la sensación de comunidad y mostramos a los demás que nos importan.

Como vemos, por lo tanto, no ocultar emociones como la tristeza o la alegría puede tener consecuencias positivas en nuestras relaciones interpersonales. En el siguiente capítulo vamos a profundizar en nuestro mundo interno.

Para recordar

Como especie tremendamente social, los humanos necesitamos interactuar con otras personas para prosperar. Cultivar las relaciones interpersonales es importante para nuestra salud y la de quienes nos rodean.

20

Está todo en tu cabeza

Como hemos visto en capítulos anteriores, hay muchos hábitos que influyen en nuestra salud mental. Dormir suficientes horas, realizar ejercicio físico, pasar tiempo al aire libre y socializar contribuyen a una mejor salud mental. Sin embargo, hay otro tipo de hábitos que no son visibles desde fuera que también impactan en nuestra salud mental. Me refiero aquí a lo que ocurre dentro de nuestras cabezas: cómo procesamos nuestras emociones, cómo nos hablamos a nosotros mismos y cómo vemos nuestra vida. Muchas veces se usa la frase «está todo en tu cabeza» para restarle importancia a algo, como si el hecho de que nuestro malestar sea psicológico lo hiciera menos grave. Igual que no le decimos a alguien que se ha roto un brazo «está todo en tus huesos», no deberíamos quitarle importancia a nuestro mundo interior. Al fin y al cabo, pasamos gran parte de nuestra vida luchando contra nuestras emociones y pensamientos.

Haciendo las paces con nuestras emociones

Las emociones son señales informativas. Algunas, como la alegría, nos resultan muy agradables. Otras, como la tristeza, el enfado, la culpa o la envidia suelen resultarnos desagradables y, a menudo, nos resistimos a sentirlas e incluso nos juzgamos cuando aparecen. Algunas personas tienden a buscar distracciones o convencerse de que no tienen motivos para sentirse como se sienten, en un intento de volver a encontrarse bien. Hay una creencia extendida que dice que, si ignoramos nuestras emociones, estas terminarán por irse. Pero las emociones no funcionan así. Los psicólogos suelen decir que las emociones hay que transitarlas, hay que vivirlas.

Por un lado, algunas de estas emociones, como el enfado o la envidia, tienen mala fama y podemos sentirnos culpables de experimentarlas. Sin embargo, todas las emociones tienen su función. Bien canalizadas, el enfado puede empujarnos a luchar por lo que es justo, y la envidia puede animarnos a implementar cambios que nos ayuden a conseguir aquello a lo que aspiramos. Por lo tanto, las emociones no son buenas o malas en sí mismas. Es la interpretación que les damos y lo que hacemos con ellas lo que puede tener consecuencias positivas o negativas para nuestra salud y nuestras relaciones sociales.

Por ejemplo, en el caso del enfado, ser hostiles o explotar de ira puede impactar negativamente en nuestra salud y, sobre todo, en nuestras relaciones personales. En el otro extremo, la idea de perder los papeles, el sentimiento de culpa por sentir enfado o la creencia de que es nuestra responsabilidad mantener la paz en nuestro entorno cercano puede llevar a algunas personas a adoptar la posición contraria, la de no mostrar nunca el enfado ni comunicar que ha habido algo que las ha molestado. Como veremos en este capítulo, suprimir las emociones no suele ser la manera más sana de procesarlas. En el caso del enfado, una supresión continua de esta emoción puede conducir al resentimiento, lo que puede dañar gravemente nuestras relaciones.

Por otro lado, la empatía suele tener buena fama, a pesar de que a algunas personas puede causarles sufrimiento cuando es demasiado alta. No es una emoción en sí misma, sino la capacidad de sentir las emociones de los demás. Puede resultar confuso, ya que en ocasiones se utiliza la misma palabra para referirse a la capacidad de entender las emociones de otras personas (no de sentirlas), lo que entraría dentro de lo que en psicología suele denominarse «teoría de la mente», aunque también recibe el nombre de «empatía cognitiva». Aquí, con empatía me refiero al aspecto emocional, no al cognitivo.

Como cualquier capacidad humana, la empatía tiene sus pros y sus contras. Gracias a ella, podemos sentir alegría cuando vemos a otras personas felices y sentir dolor cuando vemos a alguien sufrir. Por lo tanto, la empatía tiene una importante función prosocial, ya que nos ayuda a sentirnos más unidos a los demás y a querer ayudar. Sin embargo, cuando la línea entre uno mismo y los demás no está clara, este sufrimiento puede ser demasiado grande y llevarnos a querer huir de la situación para protegernos. La compasión, en cambio, es una emoción de preocupación por el sufrimiento de otra persona que nos lleva a querer ayudar sin desgastarnos en el camino.

Con estos ejemplos del enfado, la envidia y la empatía, mi intención es desmitificar algunas ideas preconcebidas sobre las emociones. Ahora que ya hemos visto que ni las emociones incómodas son negativas ni la empatía es siempre tan buena como parece, veamos cómo podemos procesar las emociones de manera saludable.

Lo primero es ser consciente de qué estamos sintiendo; para ello necesitamos prestar atención a las sensaciones de nuestro cuerpo. Por ejemplo, podemos notar presión en el pecho, calor en la cara, tensión muscular, un nudo en el estómago o cambios en nuestra respiración. Todas estas sensaciones reflejan cambios fisiológicos que ocurren en nuestro cuerpo. La capacidad de percibir estas sensaciones corporales recibe el nombre de «interocepción». ¿No es maravilloso que nuestro cerebro no solo reciba información sensorial del exterior, sino que también pueda sentir e interpretar información sobre el estado de nuestro cuerpo?

Si nos imaginamos nuestras emociones como una alarma de incendios, es fácil entenderlo: ignorar la alarma no hará que esta deje de sonar. De hecho, si no le prestamos atención y no intentamos averiguar por qué está sonando, las consecuencias pueden ser catastróficas. A veces, tal vez se trate de un trozo de pan que se ha quemado en la tostadora, con lo que solo necesitemos abrir las ventanas para se vaya el humo. Otras veces, la alarma puede señalar que hay un fuego pequeño que podemos gestionar fácilmente si contamos con las herramientas adecuadas. En ocasiones, necesitaremos la ayuda de profesionales para evitar daños mayores. Aprender a escuchar las señales de alarma que nuestro cuerpo nos envía es importante para poder procesar las emociones.

Algunas estrategias que podemos implementar inconscientemente para regular nuestras emociones se consideran desadaptativas, es decir, no son útiles y tienen consecuencias indeseadas. Las principales son la evitación, la supresión y la rumiación mental. Veamos cada una de estas estrategias y por qué a la larga pueden conllevar consecuencias negativas.

La evitación puede consistir tanto en evitar sentir las sensaciones que acompañan a emociones incómodas como evitar las situaciones que nos provocan esas emociones. Aunque a corto plazo esta estrategia puede ayudarnos a sentirnos mejor, a largo plazo no suele ser una buena opción, ya que las emociones como la ansiedad tienden a persistir. Siguiendo con la analogía de la alarma de incendios, sería lo equivalente a irnos de casa si suena la alarma para no tener que aguantar el ruido o evitar cocinar por miedo a que salte la alarma si se quema un poco la comida.

La supresión hace referencia tanto a evitar expresar nuestras emociones como a inhibir nuestra experiencia emocional interna y los pensamientos que la acompañan. Sería como ponernos unos tapones o música a todo volumen para no oír la alarma, o desconectarla directamente para que nos deje tranquilos. De nuevo, no es algo que hagamos conscientemente en la mayoría de los casos. Los estudios muestran que suprimir con frecuencia nuestras emociones se asocia con un mayor riesgo de problemas de salud mental como la depresión y la ansiedad. Las emociones incómodas se tienden a acumular, las emociones positivas se suprimen y en el proceso nos agotamos, pues suprimir las emociones requiere un continuo esfuerzo cognitivo. Intentar suprimir las emociones puede llevar a algunas personas a comer de manera compulsiva o a utilizar alcohol u otras sustancias. Además, quienes no expresan sus emociones suelen ver afectadas sus relaciones sociales y tienden a mostrar resistencia a buscar o recibir ayuda, lo cual puede aumentar el riesgo de suicidio.

La rumiación mental, a diferencia de las estrategias anteriores, no consiste en mitigar la experiencia emocional. Por el contrario, nos centramos de manera repetida en nuestras emociones, sus causas y sus consecuencias. Cuando entramos en tal estado, nos metemos en un bucle del que es difícil salir. Sería como si, al oír la alarma y ver de dónde viene el humo, nos fustigáramos por no haber tenido más cuidado al cocinar y le diéramos vueltas una y otra vez a cómo se nos ha ocurrido dejar la sartén desatendida y nos preocupáramos por todas las molestias que estamos causando a los vecinos, todo esto mientras la comida sigue quemándose, claro. Como podemos imaginar, no solo no es una estrategia efectiva para solucionar el problema de base, sino que además nos hace sentir todavía peor.

Hasta ahora, nos hemos centrado en estrategias desadaptativas. A continuación, veremos algunas estrategias de regulación emocional que se consideran adaptativas.

La reevaluación cognitiva consiste en cambiar los pensamientos y las creencias que tenemos respecto a una situación, de manera que la nueva interpretación no nos genere las mismas emociones desagradables. No hay que confundir esta estrategia con la positividad tóxica. No se trata de intentar suprimir las emociones incómodas con mensajes positivos poco realistas. Retomando el ejemplo de la alarma de incendios, la reevaluación cognitiva podría consistir en pensar que es comprensible que, con todas las cosas que tenemos en la cabeza, nos hayamos distraído y se nos haya quemado un poco la comida y que, aunque el sonido haya podido ser molesto para los vecinos, como ha ocurrido durante el día, es probable que no haya sido un gran problema para nadie. De hecho, es posible que, si nos paramos a pensar, nos acordemos de otras ocasiones en las que le saltó la alarma a algún vecino y no pensamos nada negativo sobre ellos. En cambio, la positividad tóxica sería lo equivalente a que se nos queme la cocina e intentemos convencernos de que es una maravillosa oportunidad para renovarla (aunque no nos lo podamos permitir y nuestra antigua cocina nos encantara).

Otra estrategia beneficiosa es la resolución de problemas. Aquí nos centraríamos en pensar en cómo salir de la situación actual y cómo prevenir que vuelva a suceder. Por ejemplo, podríamos abrir la ventana y apagar el horno rápidamente, así como proponernos usar un temporizador la próxima vez.

En el caso de la aceptación, otra estrategia adaptativa, asumimos las sensaciones sin resistirnos a ellas. Los estudios indican que, cuando aceptamos nuestramos emociones, es menos probable que tengamos reacciones disfuncionales, como juzgarnos por cómo nos sentimos o intentar suprimir lo que sentimos. Es comprensible que, si hay humo en la casa, suene la alarma, no hay nada de malo en ello.

Estas estrategias no son siempre tan fáciles de implementar, sobre todo si no las hemos aprendido durante nuestra infancia, un periodo en el que pasamos de ser dependientes de la regulación externa por parte de nuestros cuidadores a empezar a tener cierto control sobre nuestras vidas emocionales. Durante este periodo, nuestros cuidadores pueden ayudarnos a identificar y a entender nuestras emociones, además de servirnos de ejemplo cuando ellos regulan las suyas. Por lo tanto, la capacidad de regulación de los cuidadores influye en el desarrollo de la regulación emocional de los niños. Si los adultos que nos rodean de pequeños están desregulados emocionalmente, será más difícil que aprendamos estrategias adaptativas. Esto no significa, sin embargo, que no podamos aprender de adultos.

Una manera de mejorar nuestra regulación emocional es acudir a terapia psicológica, siempre de la mano de un profesional de la psicología acreditado. Dependiendo del tipo de terapia y de nuestras necesidades, preferencias y situación concreta, en la sesión nos centraremos más en unos asuntos u otros, como cuestionar nuestros pensamientos irracionales, mejorar nuestras relaciones interpersonales, entender por qué nos sentimos de un modo en concreto, cambiar ciertos hábitos que pueden estar dañando nuestra salud mental, aprender a ser más conscientes de nuestras sensaciones corporales, prestar atención al momento presente o reevaluar de acuerdo a qué valores queremos vivir nuestra vida, entre otras cosas.

Como ya sabemos, nuestros hábitos pueden moldear nuestro cerebro. Nuestra manera de pensar y enfrentarnos a nuestras emociones no deja de ser un hábito más, por lo que podríamos esperar que la psicoterapia produzca algún cambio en nuestro cerebro. Efectivamente, se ha visto que puede producir cambios en el nivel de actividad de varias regiones del cerebro.

Además de la psicoterapia, la práctica de *mindfulness*, que podríamos traducir como «atención plena», también puede mejorar la regulación emocional y la salud mental. La atención plena es lo contrario a ir en piloto automático. Consiste en prestar atención al momento presente, ya sea a lo que percibimos a través de los sentidos, a nuestras emociones o a la respiración. Esto es algo que podemos hacer mientras damos un paseo por la naturaleza, comemos o nos cepillamos los dientes. También podemos entrenar la atención plena practicando la meditación. En este caso, prestamos atención a algo concreto, como la respiración o las sensaciones en nuestro cuerpo durante un tiempo determinado. Si nos despistamos y empezamos a pensar en otra cosa, podemos observar pasar nuestros pensamientos y emociones como si se tratara de nubes que se mueven en el cielo y redirigir la atención de nuevo a la respiración o nuestro cuerpo.

Algunas personas que nunca han meditado creen que no se les va a dar bien, pero hay que tener en cuenta que la atención plena es una habilidad que se puede entrenar; cada vez que nos damos cuenta de que nuestra atención ha empezado a divagar, estamos entrenando el «músculo» de la atención. Del mismo modo que con ir dos días al gimnasio o a clases de italiano no obtendremos gran beneficio, en el caso de la meditación solo notaremos los efectos a largo plazo. Puede ser buena idea empezar con meditaciones guiadas, ya sea utilizando una aplicación, vídeos o yendo a clases presenciales. Al meditar, empezamos a ser más conscientes de nuestros pensamientos y emociones. Con el tiempo, es probable que percibamos estos efectos positivos fuera de las sesiones de meditación, en nuestro día a día. Sin embargo, esto no quiere decir que la meditación sea una panacea ni una buena opción para todo el mundo. Por ejemplo, aunque parezca contraintuitivo, algunas personas pueden experimentar ansiedad y depresión al practicarla, aunque estos posibles efectos secundarios aún no se entiendan del todo bien.

Pienso, luego siento

Cómo nos sentimos está muy relacionado con cómo pensamos, y viceversa. Nuestra interpretación de la realidad puede hacernos sentir de una u otra manera; lo que sentimos puede influir en nuestros pensamientos. Por ejemplo, si creemos que el comentario de alguien es una ofensa hacia nuestra persona, es probable que sintamos enfado o tristeza. Sin embargo, el mismo comentario dicho por la misma persona otro día que estemos de mejor humor quizá lo interpretemos de manera diferente. Nuestras emociones pueden teñir la visión que tenemos del mundo, lo que puede hacer que pensemos cosas que, días más tarde, cuando esa emoción se ha disipado, ya no pensamos. Por eso es bueno tener la capacidad de observar desde fuera nuestros pensamientos en estos estados de alta reactividad emocional y ser capaces de no tomarlos como verdades absolutas. Esto es algo en lo que tanto la terapia psicológica como la meditación pueden ayudar.

No se trata de intentar tener solo pensamientos positivos, sino de ser capaces de tomar cierta distancia con nuestros pensamientos y verlos como lo que son, frases en nuestra mente. No somos nuestros pensamientos ni tampoco tenemos por qué creer todo lo que pensamos. A menudo, no vemos nuestras creencias como tales, sino como la verdad.

Pero estas no dejan de ser un tipo de pensamiento muy arraigado que podemos replantearnos.

Asimismo, hay personas que experimentan pensamientos intrusivos que pueden causar mucho dolor, algo típico del trastorno obsesivo compulsivo y del trastorno de estrés postraumático. Es importante recordar que nuestros pensamientos no tienen control sobre nuestras acciones y que tener pensamientos «malos» no nos hace malas personas.

Algo que también influye en cómo nos sentimos es lo que pensamos de nosotros mismos. Aunque cierta dosis de autocrítica sea saludable y necesaria para mejorar en muchos ámbitos de nuestra vida, incluidas nuestras relaciones, cuando hay un componente de odio hacia uno mismo, se convierte en un factor que nos hace vulnerables a problemas de salud mental.

Un antídoto para este tipo de autocrítica es la autocompasión. La compasión es la sensibilidad que experimentamos hacia el sufrimiento de uno mismo y de otros, y el compromiso para intentar aliviarlo y prevenirlo. A veces es más fácil mostrar compasión hacia los demás que hacia nosotros mismos. Cuando un ser querido nos cuenta lo mal que se siente por un error que ha cometido o por la situación personal en la que se encuentra, tendemos a mostrar nuestro apoyo con palabras amables. Les hacemos ver que su error es humano e intentamos reconfortarlos con palabras de ánimo. Sin embargo, cuando somos nosotros los que nos encontramos en la misma situación, tendemos a hablarnos mucho peor. Por supuesto, hay excepciones. También hay quien se perdona todo a sí mismo, pero es extremadamente duro con los demás.

La autocompasión es algo que podemos cultivar, ya sea por nuestra cuenta, en psicoterapia o mediante la meditación centrada en la compasión.

Descubriendo el sentido de la vida

Por otro lado, encontrar sentido en nuestra vida puede ayudar a utilizar la reevaluación cognitiva y a reducir la rumiación mental, por lo que se asocia con un menor riesgo de depresión. Cuando hablamos de sentido en la vida,[5] nos referimos a tres componentes: la coherencia, el propósito y la importancia.

La coherencia tiene que ver con el grado en el que percibimos orden y comprendemos el mundo y a nosotros mismos. Como ya hemos visto en capítulos anteriores, a nuestro cerebro le encanta hacer predicciones. En cierto modo, poder predecir lo que va a pasar nos da una sensación de tranquilidad y seguridad. Por lo tanto, llevar una vida con ciertas rutinas y rodearnos de personas que no tengan un carácter impredecible puede ayudarnos con nuestra sensación de coherencia. El caos, la incertidumbre y la confusión nos alejarán de ella.

Cuando hablamos de propósito nos referimos a tener metas, aspiraciones o valores que nos doten de una dirección en la vida. Para ello, necesitamos pararnos a pensar qué es importante para nosotros, ya sea llevar un estilo de vida saludable, cuidar nuestras relaciones interpersonales, ayudar a nuestra comunidad o aprender un idioma. Por supuesto, podemos tener muchos objetivos distintos, no hay que elegir un único propósito, y podemos ir cambiando con los años.

La importancia tiene que ver con sentir que nuestra vida tiene valor. A veces, las experiencias negativas transformadoras, como perder a un ser querido o recibir el diagnóstico

---

5. En psicología, se habla del «sentido en la vida» y no del «sentido de la vida» porque es diferente en cada persona.

de una enfermedad, pueden hacer que nos planteemos si estamos llevando una vida que nos llene y que reevaluemos nuestras prioridades. De los tres componentes del sentido en la vida, este último es el que más peso tiene en cómo evaluamos nuestra existencia.

Recientemente, se ha propuesto un cuarto componente: la apreciación experiencial, es decir, la capacidad de contemplar y apreciar la belleza del momento presente. Es el tipo de significado que podemos encontrar al escuchar música o contemplar un paisaje, así como el que experimentan los niños constantemente mientras descubren el mundo.

Parece que nuestra habilidad de conectar elementos en nuestra mente nos ayuda a encontrar sentido en la vida. Si nos fijamos, los tres componentes reflejan modos en los que nuestra vida está conectada, de manera que crea valor. La coherencia tiene que ver con conectar las cosas que pasan en nuestra vida, dándole sentido y orden. El propósito está relacionado con conectar nuestras acciones del presente con objetivos en el futuro, de manera que nuestras acciones no sean arbitrarias. La importancia tiene que ver con sentir que nuestra vida está conectada con algo más grande. A pesar de la inmensidad del universo, de alguna manera, nuestra vida contribuye a algo que está más allá de nosotros mismos, de modo que nos sentimos menos insignificantes y aislados al vernos como parte de un todo. Por último, la apreciación experiencial refleja una conexión con el momento presente que nos hace capaces de valorarlo.

Por supuesto, cada persona puede encontrar sentido en diferentes aspectos de su vida, pero algunas de las fuentes más comunes son las relaciones interpersonales, la intimidad, la contribución a la sociedad, la espiritualidad y los logros personales.

Si nos centramos en estos últimos, es fácil entender cómo para algunas personas dominar un instrumento musical, un deporte o un idioma puede ser una fuente de gran satisfacción. En el siguiente capítulo nos centraremos en la importancia de seguir aprendiendo durante toda nuestra vida.

> **Para recordar**
>
> Es importante aprender a procesar las emociones incómodas de manera saludable. Ir a terapia, practicar la atención plena y llevar una vida que nos aporte sentido puede ayudarnos a conseguirlo.

21

Aprendiendo, que es gerundio

La capacidad plástica de nuestro cerebro hace que podamos seguir aprendiendo durante toda la vida. Cada vez que nos encontramos con una situación nueva, intentamos averiguar cómo navegarla y almacenamos lo aprendido; así, la próxima vez que nos encontremos en una circunstancia similar, sabremos cómo actuar. Cuando somos pequeños, aún estamos aprendiendo cómo funciona el mundo, por lo que todo nos asombra y nos quedamos embelesados mirando cualquier objeto cotidiano o cómo se comportan los adultos de nuestro entorno. Con el tiempo, a fuerza de repetición, aprendemos qué esperar del mundo y nos dejamos de sorprender por lo cotidiano. Quizá por eso muchas personas disfrutan visitando países lejanos o aprendiendo nuevas habilidades, ya sea hacer cerámica, jugar al pádel, tocar el piano o hablar otro idioma.

El placer de aprender

Como hemos visto en capítulos anteriores, la motivación es fundamental para nuestra supervivencia. Un animal que no sintiera motivación por conseguir alimentos o huir de de-

APRENDIENDO, QUE ES GERUNDIO

predadores moriría rápidamente. En el caso de los humanos de nuestro tiempo, además de las recompensas innatas relacionadas con la supervivencia y la reproducción, hay otras recompensas secundarias, como el dinero o el reconocimiento social, ya sea en forma de notas, premios o ascensos en el trabajo. Todo esto serían ejemplos de motivación extrínseca. Sin embargo, hay otro tipo de motivación que nos lleva a practicar actividades por el simple placer que obtenemos de ellas, sin buscar nada más a cambio. Cualquier afición que practiquemos sin la intención de monetizarla o de dedicarnos a ello profesionalmente entraría dentro de esta definición.

Desde un punto de vista evolutivo, podemos preguntarnos qué nos lleva a los humanos a emplear tiempo y esfuerzo en algo así. Se ha propuesto que la motivación intrínseca tiene que ver con las necesidades psicológicas básicas de sentirnos competentes, autónomos y conectados con los demás.

Encontrar una afición que se nos dé bien puede ayudarnos a sentirnos más competentes. A todos nos gusta ver que hay algo en lo que somos buenos o, que al menos, no se nos da del todo mal.

Por otro lado, el componente de autonomía hace referencia a la necesidad que tenemos de tomar decisiones libremente, sin sentirnos presionados por otras personas o por nosotros mismos. Cuando participamos en una actividad porque realmente queremos, porque la disfrutamos o nos interesa, nos sentimos más satisfechos que cuando lo hacemos porque sentimos que debemos. Dedicar tiempo a aquello que nos importa, más allá de nuestras obligaciones diarias, nos aporta bienestar.

Por último, si compartimos nuestra afición con otras personas, puede ser aún más gratificante, ya que estaremos cubriendo nuestra necesidad de conexión social.

CEREBROTES

Tanto la motivación extrínseca como la intrínseca están moduladas por la dopamina. Por lo tanto, vemos que, aunque este neurotransmisor tenga algo de mala fama en la cultura popular por su relación con las adicciones o la búsqueda de gratificación instantánea, la dopamina nos ayuda a encontrar la motivación suficiente para conseguir nuestros objetivos.

Además de por todo lo que hemos dicho, aprender una nueva habilidad puede recordarnos que aún nos quedan cosas por descubrir, una manera de conectar con nuestra curiosidad. Los estudios muestran que tanto los humanos como otros animales buscamos obtener información, independientemente de si tiene alguna utilidad para conseguir algo más. Tal motivación por saber se refleja en actividades cotidianas como ver las noticias o utilizar redes sociales para estar al tanto de lo que ocurre en el día a día, pero también en las ganas por seguir aprendiendo más sobre el mundo que nos rodea, ya sea viajando, leyendo, haciendo cursos o escuchando pódcast divulgativos. La curiosidad nos lleva a desarrollar intereses y habilidades individuales.

Otro efecto secundario positivo de aprender una nueva habilidad es que, al menos cuando empezamos, necesitamos prestar toda nuestra atención a esa actividad, lo que nos ayuda a mantenernos en el momento presente. A veces, entramos en un estado de absorción en el que disfrutamos de lo que estamos haciendo, nos olvidamos de nuestros problemas y perdemos la noción del tiempo. A este estado se le llama *flow* o flujo (también conocido como «la zona»); para que se dé es necesario que haya un equilibrio entre el nivel de dificultad de la tarea y nuestra habilidad. Tiene que ser lo suficientemente difícil como para que no nos aburramos, pero no tan difícil como para que nos sobrepase y se convierta en una situación estresante.

Por último, aprender nuevas habilidades también puede

resultarnos intelectualmente estimulante. Algunos ejemplos son jugar al ajedrez, programar o aprender un idioma. Más allá de la utilidad de estas habilidades (sobre todo en el caso de la programación y los idiomas), el reto intelectual puede ser en sí mismo gratificante. En un estudio se vio que las regiones cerebrales del sistema de recompensa se activaban cuando los participantes deducían por contexto el significado de nuevas palabras de un idioma inventado. Si alguna vez has adivinado por contexto lo que significaba una palabra o frase de otro idioma, seguramente habrás sentido ese «momento eureka», un instante de exaltación que también podemos experimentar cuando al ver un concurso de televisión sabemos la respuesta correcta a la pregunta planteada.

Volviendo a los idiomas, todos sabemos que puede llevar años conseguir un nivel suficiente para hablar de manera fluida. Lo mismo sucede con otras muchas habilidades. Llegar a tocar un instrumento musical o a surfear con cierta destreza no es algo que se consiga en unas pocas semanas, sino que requiere mucha práctica. Ver nuestro objetivo tan lejos puede desmotivarnos, por lo que centrarnos en disfrutar del proceso y de las pequeñas victorias puede ayudarnos a no tirar la toalla.

Cuando lo importante no es participar

Si tu objetivo no es tanto disfrutar aprendiendo, sino lograr dominar alguna disciplina, quizá te estés preguntando cuántas horas de práctica son necesarias. Existe un mito extendido que dice que el número mágico son las diez mil horas. Sin embargo, como te imaginarás, esto no es tan sencillo. Es cierto que, como regla general, la repetición es clave para llegar a ser muy buenos en algo. Sin embargo, es difícil calcular el número exacto de horas que necesitamos practicar

CEREBROTES

para alcanzar la excelencia, ya que hay muchos factores que influyen, como el tipo de habilidad y cuánta competencia haya en esa disciplina, el talento natural del que partamos o ciertas características físicas de base genética que puedan influir, como, por ejemplo, la altura en el caso del baloncesto, o la longitud de nuestros dedos para tocar el piano. También es importante a qué edad empecemos a practicar, o si en nuestra práctica nos limitamos a repetir lo que ya sabemos, o a intentar mejorar cada día un poco más, saliendo de nuestra zona de confort.

Como vemos, son muchos los factores que tener en cuenta. Aunque la tenacidad y la práctica deliberada son importantes para llegar a conseguir la excelencia, no siempre resultan suficientes. El mensaje de «puedes conseguir todo lo que te propongas», aunque bienintencionado, no es realista y puede resultar muy frustrante. Hay demasiadas variables que se escapan de nuestro control. Por otro lado, no tiene nada de malo no llegar a ser los mejores en una disciplina. La obsesión por alcanzar la excelencia puede que no saque siempre lo mejor de nosotros. En el entorno laboral y académico, una autoexigencia muy alta puede llevarnos al perfeccionismo (con las desventajas que eso implica), o incluso a sentirnos impostores, aunque estemos desempeñando nuestro trabajo correctamente.

Esto no quiere decir, ni mucho menos, que no sea beneficioso tener metas y ambiciones. Creer en nosotros mismos puede ayudarnos a intentar cosas difíciles de conseguir. De nuevo, al ser una especie tremendamente social, la confianza en nosotros mismos también depende en cierta medida de cuánto confíe nuestro entorno en nuestras habilidades, especialmente durante nuestra infancia.

¿Confías en mí?

Las expectativas que tienen otras personas sobre nosotros desempeñan un papel más importante de lo que *a priori* podríamos pensar. Es algo que se ha estudiado sobre todo en el entorno académico durante la infancia y la adolescencia. Se ha observado que las expectativas de los profesores sobre los alumnos pueden afectar a su rendimiento académico. Es el denominado efecto Pigmalión, que se estudió por primera vez en los años sesenta. Aunque el estudio original ha recibido críticas, ha habido desde entonces gran cantidad de estudios al respecto que respaldan la existencia de tal efecto y de los cuales podemos sacar varias conclusiones.

La primera es que, efectivamente, los profesores suelen esperar más de unos los alumnos que de otros. No es de extrañar si tenemos en cuenta cómo le gusta a nuestro cerebro hacer predicciones. En algunos casos, esas expectativas tendrán que ver con la experiencia directa del profesor con ese alumno en años anteriores y, en otros, puede responder a otras variables. En concreto, se ha observado que los profesores suelen esperar más de alumnos de familias con más poder adquisitivo. Por otro lado, también se ha concluido que se suelen tener expectativas más bajas de lo que estaría justificado hacia alumnos con necesidades especiales. Como en cualquier estudio, estamos hablando de tendencias, no quiere decir que todos los profesores tengan los mismos sesgos. Aun así, hay que tener en cuenta que muchas veces no somos conscientes de nuestros propios sesgos, ya que no siempre se manifiestan en forma de pensamiento consciente, sino que es algo más sutil.

La segunda conclusión es que esas expectativas suelen influir en el comportamiento de los profesores. Por supuesto, no todos se comportarán de la misma manera, y no tiene por qué ser algo que se haga de manera consciente, pero los estudios sugieren que los alumnos de los que se espera más suelen recibir por parte de sus profesores más oportunidades para aprender, preguntas más interesantes y críticas constructivas que los ayudan a mejorar. Los estudios muestran que las diferencias en la actitud de los profesores incluso se pueden notar en el lenguaje no verbal.

En tercer lugar, las expectativas de los profesores tienen un efecto tanto en los resultados como en la motivación de los alumnos, convirtiéndose en una profecía autocumplida. Pero ¿cómo ocurre esto? ¿Por qué nos influye tanto lo que piensen los demás sobre nuestras capacidades? Como ya hemos visto a lo largo del libro, nuestro entorno nos afecta, especialmente durante la infancia y adolescencia, cuando aún estamos formando nuestra identidad. Las expectativas de los demás pueden afectar a nuestro autoconcepto, es decir, al concepto que tenemos sobre nuestras habilidades y nuestra inteligencia. Esto, a su vez, puede afectar a nuestra motivación para estudiar. Si creemos que no podemos conseguir un objetivo, ¿para qué intentarlo siquiera? De nuevo, hay diferencias individuales y no todo el mundo es igual de susceptible a este efecto.

Por otro lado, aunque el efecto Pigmalión se ha estudiado principalmente teniendo en cuenta las expectativas de los profesores, se ha observado que las expectativas de la familia también influyen. Más allá del ámbito académico, se ha observado un efecto similar en el entorno laboral y en el deporte, donde las expectativas de los entrenadores pueden influir en el rendimiento de los atletas.

Ahora que ya hemos visto los beneficios del aprendizaje y la importancia de sentir el apoyo de nuestro entorno, podemos preguntarnos hasta qué punto aprender puede ejercitar nuestro cerebro.

Gimnasia cerebral

Como vimos en el capítulo 14, un estilo de vida intelectualmente activo está asociado con un menor riesgo de deterioro cognitivo. Cajal usaba el término «gimnasia cerebral» para referirse a los cambios plásticos del cerebro en respuesta al ejercicio mental. De la misma manera que si empezamos a hacer pesas notaremos cambios físicos en nuestro cuerpo, es posible observar cambios físicos en nuestro cerebro como resultado de entrenar una nueva habilidad.

Por supuesto, el cerebro no es un músculo, por lo que los mecanismos detrás de esos cambios no son los mismos. En el caso del cerebro, ya vimos en el capítulo 6 que existen diferentes tipos de plasticidad cerebral que implican cambios estructurales, desde la ramificación de dendritas y axones hasta la formación de nuevas neuronas, aunque, como ya sabemos, la neurogénesis se limita a unas pocas regiones cerebrales.

Uno de los estudios de neuroimagen más famosos sobre el tema, publicado en el año 2000, concluyó que los taxistas de Londres tenían un hipocampo más grande que el grupo de no taxistas. Esto concuerda con el papel de esta estructura en la navegación espacial y la memoria, habilidades que estos taxistas entrenan durante años. Además, se encontró una relación entre el número de años que habían sido taxistas y el tamaño de esta estructura. En un estudio posterior, se comparó a taxistas de Londres con conductores de autobús de la misma ciudad. Es un grupo de control interesante, ya que, aunque estos también conduzcan todo el día, no necesitan averiguar cómo llegar a su destino, sino que repiten las mismas rutas una y otra vez. De nuevo, se observó que los taxistas tenían hipocampos más grandes, lo que aportó más pruebas respecto a que el mayor tamaño en esta estructura respondía al entrenamiento en navegación espacial.

CEREBROTES

Sin embargo, podríamos preguntarnos si es posible que las personas con un hipocampo más grande de base contaran con una ventaja sobre el resto y fueran las que superaban las pruebas para ser taxistas en Londres. Para salir de dudas, la investigadora Eleanor Maguire, que había estado implicada en los estudios anteriores, llevó a cabo un tercer estudio en el que se siguió a los taxistas a lo largo del tiempo. Se les escaneó al comienzo de su entrenamiento, cuando se preparaban para convertirse en taxistas, y no se encontró diferencias en el volumen del hipocampo al compararlos con un grupo de control. Cuatro años después, se volvió a escanear el cerebro de los participantes. Dentro del grupo de aspirantes a taxistas, algunos habían conseguido su licencia, mientras que otros no habían conseguido aprobar o habían dejado el entrenamiento. Las investigadoras vieron lo que sospechaban: el hipocampo de los participantes que se habían convertido en taxistas había aumentado de tamaño, mientras que no había cambiado ni en el grupo de control ni en el de aspirantes a taxistas que no habían llegado a conseguir la licencia. Es un claro ejemplo de que un entrenamiento intenso puede moldear nuestro cerebro.

Por supuesto, la navegación espacial no es el único entrenamiento que puede producir cambios en nuestro cerebro observables en un escáner de resonancia magnética. A principios de los años 2000, se publicó otro estudio que tuvo gran repercusión. En él, se investigó qué ocurría en el cerebro de un grupo de personas al aprender a hacer malabares. Se escaneó a todos los participantes antes de empezar el experimento y se crearon dos grupos: los que aprenderían a hacer malabares y los que no. Después de unos pocos meses, se observó en el grupo de malabaristas un aumento en la sustancia gris en ciertas regiones del cerebro relacionadas con el movimiento. Además, había una relación entre un mayor volumen en esas áreas y una mejor ejecución al hacer malabares.

202

APRENDIENDO, QUE ES GERUNDIO

Estos estudios de principios del siglo XXI empezaron a poner en entredicho la idea de que en el cerebro humano adulto solo se podían dar cambios funcionales.

Sin embargo, no siempre el entrenamiento de una habilidad conlleva un aumento en la sustancia gris. De hecho, a veces ocurre justo lo contrario. Por ejemplo, en jugadores de ajedrez se ha observado una disminución en el volumen de sustancia gris en algunas regiones del cerebro, lo cual podría ser el resultado de una poda sináptica, como vimos en el caso del embarazo y la adolescencia.

Otro ejemplo de práctica que puede producir cambios físicos en nuestro cerebro es aprender a tocar un instrumento musical. Aquí también, practicar durante miles de horas deja huella en nuestro cerebro. De hecho, a veces es posible incluso adivinar qué tipo de instrumento toca alguien solo con mirar una imagen de resonancia magnética de su cerebro. Existe una región de la corteza cerebral que se encarga de controlar los movimientos de nuestras manos. Pues bien, en los músicos, esta región tiene el aspecto característico de la letra griega omega (Ω). De la misma manera que un bíceps de una persona que suele levantar pesas está más abultado, en los músicos se puede ver más abultada esta región del cerebro. En los que necesitan una gran destreza en ambas manos, como los pianistas, se puede observar la forma de omega en ambos hemisferios. En cambio, en el caso de los músicos donde solo una de las manos realiza el trabajo meticuloso, como en los violinistas, la forma de omega se suele ver solamente en el hemisferio derecho, encargado de controlar la mano izquierda.

Sería lo equivalente a deducir que una persona juega a un deporte de raqueta al ver que uno de sus dos bíceps es bastante más grande que el otro.

Vemos, por lo tanto, una vez más, que nuestros cerebros son un reflejo de nuestra historia vital.

Formando hábitos

Aunque solamos asociar aprender con adquirir nuevas habilidades o conocimiento, el aprendizaje es una parte esencial de nuestros hábitos. Con hábitos no nos referimos solo a costumbres o actividades que realizamos a diario, sino a respuestas automáticas ante ciertas situaciones, como, por ejemplo, ponernos el cinturón al entrar en un coche, lavarnos las manos después de ir al baño o decir «¡Jesús!» o «¡Salud!» cuando alguien estornuda. Después de repetir estas acciones suficientes veces, llega un momento en que es casi un acto reflejo, algo que hacemos sin pensar. Por lo tanto, los hábitos son muy eficientes, ya que liberan recursos cognitivos.

Sin embargo, llegar a ese punto no es tan fácil. Necesitamos repetir la acción una y otra vez hasta que se queda grabada en nuestro cerebro. Por eso, cuando vamos a otro país o, simplemente, nos vamos a otra casa con costumbres diferentes a las nuestras, nos puede costar un tiempo acordarnos de seguir sus normas. Por ejemplo, en algunos países, es habitual quitarse los zapatos nada más entrar en el piso. Al principio, puede que se nos olvide hacerlo si no nos lo recuerdan, pero, después de unos meses, seguramente lo hagamos sin pensar.

Lo mismo sucede con hábitos saludables que queramos implementar o hábitos poco saludables que queramos dejar de hacer. Cambiar requiere tiempo y mucha repetición.

Para visualizarlo mejor, imaginemos que estamos en la naturaleza, en medio de un campo de hierba alta. Queremos atravesar el campo para llegar al otro lado, pero no hay ningún camino. Así pues, empezamos a andar entre la hierba, abriendo camino a nuestro paso. Al día siguiente, nos encontramos en la misma situación, pero esta vez vislumbramos el sendero que dejamos a nuestro paso el día ante-

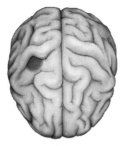 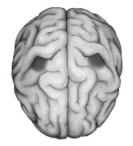

Violinista　　　Pianista

Cerebros de un violinista y un pianista vistos desde arriba con la forma de omega de la corteza motora señalada en otro color.

rior, así que decidimos tomar el mismo camino. Al fin y al cabo, esa ruta nos llevó sanos y salvos a nuestro destino, y hoy será más fácil. Cada día, el camino se va delimitando más y más, hasta que llega un momento en que se ve claramente desde lejos. Cuanto más lo recorremos, más sentido tiene volver a hacerlo. ¿Para qué vamos a comenzar un nuevo camino, si podemos ir cómodamente por el que ya conocemos? Algo similar ocurre en nuestro cerebro. Cuanto más usamos una ruta neuronal, más se fortalecen las conexiones entre esas neuronas y más fácil y más eficiente nos resulta volver a hacerlo.

Para comenzar un nuevo hábito suele recomendarse asociar la acción que queramos realizar a un contexto determinado. Por ejemplo, si deseamos comer más fruta, podemos proponernos ingerir una pieza de fruta después de cada comida. Si nuestro objetivo es aprender un idioma, es buena idea asociar ese rato de práctica a un momento concreto del día, como el desayuno o el trayecto al trabajo. Una vez que hemos escogido el contexto al que queremos asociar la actividad, empieza la fase de aprendizaje, en la que repetiremos la acción hasta que se convierta en un hábito.

¿Cuánto tiempo tenemos que esperar hasta que esto ocurra? Existe el mito extendido de que adquirir un nuevo hábito lleva veintiún días. Sin embargo, lo cierto es que hay gran variabilidad entre personas y conductas. Algunos estudios apuntan a que la media está en sesenta y seis días. Por supuesto, no es un número mágico, sino solo una media. En otros estudios se ha visto que puede variar entre unas pocas semanas y más de medio año. Algunos factores que pueden influir son cómo de familiar es para nosotros ese hábito que queramos adquirir (por ejemplo, si es algo que en el pasado formaba parte de nuestra rutina), cómo de fácil o difícil nos resulta, si lo disfrutamos o no, el estado emocional en que nos encontramos o si contamos con el apoyo de nuestro entorno.

Por otro lado, a veces, lo que queremos no es adquirir un nuevo hábito, sino dejar de hacer algo que sabemos que no nos viene bien. En este caso, se suele recomendar sustituir la acción que tenemos asociada a un contexto determinado por otra. Por ejemplo, alguien que esté acostumbrado a mirar las redes sociales durante una hora cuando se mete en la cama y quiera dejar de hacerlo podría sustituir el móvil por un libro, en vez de simplemente intentar dejar de usar el móvil.

Además, hay otras estrategias que pueden ayudar. Cuando intentamos cambiar nuestros hábitos, necesitamos dejar de actuar de manera automática durante un tiempo para hacerlo de acuerdo a nuestros objetivos. Sería lo equivalente a estar en el campo de hierba, ignorar el camino ya existente y pararnos a pensar cuál es la mejor manera de llegar a nuestro destino. Pero, por supuesto, no siempre es tan fácil. Si estamos despistados, es probable que tomemos el camino de siempre sin darnos cuenta. Por eso puede ser una buena estrategia poner ciertas barreras que nos hagan más difícil ir por el camino habitual, de manera que al menos dispongamos de tiempo para pararnos a pensar qué es realmente lo que queremos hacer. Sería como poner un pequeño obstáculo delante del camino. En la vida real, pueden ser cosas como dejar de comprar algo que queremos consumir menos a menudo, o dejar el móvil en otra habitación cuando queramos leer. También podemos poner flechas fluorescentes que apunten al camino que deseamos empezar a tomar. Pueden ser cosas como tener la fruta a la vista, dejar un libro en nuestra mesilla de noche, colocar la guitarra donde la veamos o apuntarnos a un gimnasio que esté cerca de casa. Cuanto más difícil nos pongamos seguir con aquellos hábitos que queremos dejar de lado, y más fácil lo que queremos empezar a hacer, más probabilidades de éxito tendremos.

Aunque normalmente asociemos hábitos con acciones, también tenemos hábitos de pensamiento. Si estamos acostumbrados a ser muy críticos con nosotros mismos, seguramente al principio nos resultará difícil hablarnos con compasión. Si solemos asumir mala intención a las acciones que nos molestan de los demás, también nos costará dar el beneficio de la duda. Lo mismo ocurre con la gestión emocional. Si tenemos la costumbre de suprimir nuestras emociones, necesitaremos bastante práctica para llegar a desarrollar el hábito de pararnos a sentirlas y practicar las estrategias de gestión emocional que hemos visto.

Por lo tanto, si nos proponemos un cambio según lo que hemos aprendido, ya sea irnos antes a dormir, comer más fruta y verdura, pasar tiempo al aire libre, cuidar de nuestras relaciones sociales, practicar meditación o empezar una nueva afición, tenemos que ser pacientes y recordarnos a nosotros mismos que llevará un tiempo adquirir este nuevo hábito.

Antes de decidir cambiar de hábitos, puede ser buena idea detenernos a pensar en por qué motivo queremos hacerlo. A veces no basta con saber que algo es saludable si va a requerir un esfuerzo considerable por nuestra parte. Nuestro cerebro se encuentra muy cómodo en la familiaridad, ya que nos protege de la temida incertidumbre. Si todo sigue igual, al menos no habrá sorpresas (o eso creemos). Pararnos a reflexionar sobre nuestros valores y nuestro propósito de vida puede ayudarnos a decidir qué es realmente importante para nosotros. Pensar en ejemplos concretos de cómo ese cambio puede afectar positivamente a nuestro día a día nos ayuda a visualizarlo y hacer que cobre más sentido.

Para recordar

Gracias a la neuroplasticidad podemos seguir aprendiendo durante toda nuestra vida. Aprender puede ser gratificante y bueno para nuestra salud cerebral, pero también difícil, sobre todo cuando se trata de cambiar hábitos. En ese caso, la repetición es nuestra mejor aliada.

SECCIÓN 4
Eres más que tu cerebro

En las secciones anteriores, hemos visto cómo el mundo que nos rodea afecta a nuestro cerebro y de qué manera los hábitos pueden impactar en nuestra salud cerebral. Para terminar, me gustaría poner todo lo aprendido en contexto y recalcar que, aunque la neurociencia sea apasionante, somos muchos más que nuestro cerebro.

22

Parte de un todo

A lo largo de la historia, se han utilizado diferentes metáforas para explicar el funcionamiento del cerebro, en función de los avances tecnológicos del momento. Quizá hayas oído hablar del cerebro como un ordenador, una analogía que comenzó a usarse a mediados del siglo xx. De hecho, incluso cuando no se hace esta comparación de manera explícita, gran parte del lenguaje que se utiliza para explicar cómo funciona el cerebro hace referencia de manera implícita a los ordenadores. Se habla de procesamiento de información, computaciones, códigos neuronales, algoritmos de tomas de decisiones, incluso de software y hardware. Sin embargo, es importante recordar que nuestro cerebro, evidentemente, no es un ordenador. Es un órgano hecho de células, bañado por fluidos como el líquido cefalorraquídeo y la sangre. Además, nuestro cerebro no se encuentra aislado, sino que está conectado con el resto de nuestro cuerpo.

Tradicionalmente se ha estudiado el cerebro de manera independiente al resto del organismo. En los últimos años, ha aumentado considerablemente el número de estudios que investigan la relación del cerebro con otros órganos. Ya hemos visto que se comunica con el sistema digestivo y la importancia para la salud cerebral de un sistema circulatorio que funcione correctamente. También hemos mencionado que las emociones nos proporcionan información de señales fisiológicas del resto de nuestro cuerpo. Todo esto nos da una idea de que, efectivamente, el cerebro no actúa de manera aislada.

Sin embargo, la influencia del resto del cuerpo en nuestra cognición va mucho más allá de lo que se pensaba hasta hace poco. Por ejemplo, se ha observado que el corazón puede generar una respuesta en el cerebro. Cuando la actividad neural se sincroniza con los latidos de nuestro corazón, podemos percibir objetos que, de otra manera, pasan desapercibido para nosotros. Aún falta mucho por entender al respecto. No está claro si son las señales que emite el corazón o la respuesta del cerebro ante esas señales lo que determina que percibamos algo o no.

Por otro lado, la respiración puede modular los procesos cognitivos y las emociones. Por ejemplo, se ha observado que nuestro ritmo de respiración afecta al patrón de actividad neuronal en el cerebro. Además, durante la inhalación, podemos identificar las emociones de expresiones faciales de otras personas con mayor rapidez y recordar mejor en comparación con la fase de exhalación, lo que indica que la relación entre la respiración y nuestra cognición es mayor de lo que se pensaba hasta hace poco. En cuanto a la relación con las emociones, como ya hemos visto, prestar atención a la respiración puede ayudarnos a anclarnos en el presente, lo que es útil para reconocer y procesar nuestras emociones. Además, existen técnicas de respiración procedentes del yoga que alternan respiraciones lentas y rápidas que han mostrado una reducción en los niveles de ansiedad y depresión, además de mejoras en señales fisiológicas relacionadas con el estrés.

El corazón y la respiración son solo dos ejemplos de cómo no debemos estudiar el cerebro de manera aislada.

Pero más allá de la conexión con el resto de nuestro cuerpo, el cerebro forma parte de un todo que va más allá de nosotros como individuos.

> **Para recordar**
>
> Aunque habitualmente hablemos del cerebro de manera independiente, es importante recordar que se trata de un órgano más que está conectado al resto de nuestro organismo.

23
Más allá del individuo

En páginas anteriores nos hemos centrado en algunos hábitos saludables que podemos aplicar para cuidar de nuestro cerebro y salud mental. Sin embargo, como hemos visto a lo largo del libro, es importante ser conscientes de que no todo está bajo nuestro control. Más allá de nuestro círculo social cercano, existen determinantes sociales de la salud que no debemos ignorar, como los sistemas sociales (que incluyen Gobiernos, instituciones y organismos regulatorios) y los recursos para la salud que tales sistemas controlan (como alimentación, vivienda, seguridad, saneamiento, educación, empleo, leyes, transporte y sanidad).

Hemos observado que algunos hábitos saludables son una buena higiene del sueño para dormir suficientes horas, tratar de llevar una alimentación en la que abunden frutas y verduras, realizar actividad física, pasar tiempo al aire libre, cuidar nuestras relaciones sociales y gestionar nuestras emociones de manera saludable. Sin embargo, si en nuestro trabajo hacemos horas extra, quizá nos resulte difícil dormir lo suficiente. Si nos bombardean con publicidad de productos ultraprocesados y tenemos este tipo de alimentos siempre disponibles, ya sea en máquinas expendedoras, kioscos o supermercados, y además los paquetes contienen reclamos

MÁS ALLÁ DEL INDIVIDUO

que nos hacen creer que nos aportan algún beneficio para la salud, es posible que a menudo no prioricemos otras opciones más saludables, sobre todo si tenemos poco tiempo o estamos estresados. Si vivimos en un barrio en el que no hay zonas verdes y las escasas calles peatonales que hay se encuentran al lado de carreteras, es más difícil que nos animemos a practicar ejercicio físico al aire libre. Si pertenecemos a un grupo marginalizado o discriminado, nos será más complicado contar con apoyo social. Los estudios muestran que la desigualdad está asociada a un mayor riesgo de problemas de salud mental.

Por lo tanto, a veces, los problemas de salud son un síntoma de problemas sistémicos que es necesario combatir utilizando estrategias de prevención. Debemos mirar más allá del individuo para enfrentarnos a los retos de la salud pública.

Para recordar

Aunque es interesante plantearnos qué hábitos podemos llevar a cabo de manera individual para cuidar nuestro cerebro, no debemos perder de vista los aspectos que tienen que ver con el entorno en el que vivimos.

24
Conclusiones

Gracias al cerebro podemos razonar, sentir, recordar y percibir nuestro entorno. Un cambio en la actividad de las neuronas puede afectar a nuestros pensamientos, emociones y acciones. Por lo tanto, estudiar el cerebro nos ayuda a entender mejor nuestro comportamiento y la base biológica de algunas enfermedades y trastornos. Sin embargo, como ya hemos visto, el cerebro no lo es todo.

Gracias a la neuroplasticidad, quiénes somos depende en gran parte de nuestro entorno. Nuestras experiencias, relaciones sociales y cultura nos moldean desde que llegamos al mundo. Somos más que nuestro cerebro. Podríamos decir que somos la interacción de nuestro cerebro con nuestro cuerpo y con el mundo que nos rodea.

A la vez, los hábitos que llevamos a cabo siguen moldeándonos el cerebro durante toda la vida. Pero no solo eso. Cómo procesamos nuestras emociones, con qué gafas vemos el mundo y cómo nos relacionamos con los demás tiene un impacto no solo en nosotros mismos, sino en nuestro entorno. Como seres sociales, el mundo nos moldea y nosotros moldeamos el mundo.

Agradecimientos

En primer lugar, me gustaría dar las gracias a mi editora, Silvia López, por la oportunidad de publicar mi primer libro y darme libertad en este proceso.

He tenido la suerte también de contar con la colaboración de Ignacio Crespo, un divulgador al que admiro por sus conocimientos, tan profundos como extensos. Gracias por revisar este libro con tanto esmero a pesar de tu apretada agenda.

Gracias también a mis amigas Anna, Ingrid y Poppy por ayudarme a mejorar los capítulos en los que sois expertas y a mi amigo y compañero *podcaster* Hugo Quintela por su comprensión y paciencia durante estos meses.

Me gustaría extender mi agradecimiento a todas las personas de mi entorno que se han ilusionado conmigo mientras escribía este libro. Compartir alegrías y penas con personas a quienes quieres es para mí de lo más bonito de la experiencia humana.

Por último, me gustaría agradecer a toda la comunidad de *Cerebrotes* por apoyar mi trabajo divulgativo y ayudarme a que mis sueños se cumplan.

Vídeos de *Cerebrotes* para ampliar conocimiento

Capítulo 2

¿Cómo funciona el cerebro? Neurociencia para todos los públicos.
¿Para qué sirve el cerebro?
Qué son las neuronas. El diccionario del cerebro.
Dendrita. El diccionario del cerebro.
Axón. El diccionario del cerebro.
Qué son los neurotransmisores. El diccionario del cerebro.
Los lóbulos cerebrales y sus funciones.
Qué es el potencial de acción. El diccionario del cerebro.
Qué es la mielina. El diccionario del cerebro.
Qué es la sustancia gris. El diccionario del cerebro.
Qué es la corteza cerebral. El diccionario del cerebro.
Qué es la sustancia blanca. El diccionario del cerebro.
Resonancia magnética funcional para estudiar el funcionamiento del cerebro humano.

Capítulo 5

¿Dónde se almacenan los recuerdos? Sinapsis y potenciación a largo plazo.
¿Cuándo se descubrió el primer neurotransmisor?
Los neurotransmisores también están en el cerebro. Parte II de la historia de los neurotransmisores.
¿Por qué las neuronas no pueden dividirse?

Capítulo 6

Qué son las sinapsis. El diccionario del cerebro.

Capítulo 7

¿Es verdad que solo usamos un diez por ciento de nuestro cerebro?
¿Se puede vivir sin parte del cerebro?

Capítulo 8

Todo lo que querías saber sobre la dopamina y nunca te atreviste a preguntar.
Ganglios basales. El diccionario del cerebro.
¿Por qué nos despierta el café?
¡Casi gano! La psicología detrás de las máquinas tragaperras.

VÍDEOS DE *CEREBROTES* PARA AMPLIAR CONOCIMIENTO

Capítulo 14

Enfermedad de Alzheimer: síntomas, causas y diagnóstico temprano.
Síntomas de la enfermedad de Parkinson.
Actividad intelectual y enfermedad de Huntington.

Capítulo 15

¿Por qué dormimos? 3 funciones del sueño.
Procrastinación a la hora de dormir. ¿Por qué nos vamos tarde a la cama?

Capítulo 16

¿Por qué tenemos sed? Bases neurobiológicas de la sed.
Diabetes y demencia: ¿qué relación existe?
¿Qué es el trastorno bipolar? Síntomas, tipos y posibles causas.

Capítulo 18

¿Estamos más tristes en invierno? Cómo afecta la luz a nuestro cerebro.
Esclerosis múltiple: causa, síntomas, tipos y diagnóstico.
Beneficios de la naturaleza para nuestra salud.
Beneficios de vivir cerca del agua para nuestra salud.

Capítulo 19

La culpa: qué es, qué función cumple y cómo procesarla.
Resiliencia: qué es y qué factores la fomentan.

Capítulo 21

¿Qué dice la ciencia del ayuno de dopamina?
Regla de las 10.000 horas para el éxito: ¿qué evidencia hay?
Qué es el perfeccionismo y cómo combatirlo.
El síndrome del impostor: ¿qué dice la ciencia al respecto?

Capítulo 23

Salud mental y desigualdad.
Creencia en un mundo justo.
¿Somos nuestro cerebro?

Bibliografía

Principales libros consultados

Barrett, Lisa Feldman. *How Emotions Are Made: The Secret Life of the Brain*. Londres: MacMillan, 2017.

— *Seven and a Half Lessons about the Brain*. First Mariner Books edition. Nueva York: Mariner Books, 2021.

Blakemore, Sarah-Jayne. *Inventing Ourselves: The Secret Life of the Teenage Brain*. Londres, Nueva York, Toronto, Sídney, Aukland: Doubleday, 2018.

Bloom, Paul. *Against Empathy: The Case for Rational Compassion*. First edition. Nueva York: Ecco, an imprint of HarperCollins Publishers, 2016.

Castellanos, Nazareth. *Neurociencia del cuerpo: cómo el organismo esculpe el cerebro*. 10.ª ed. Barcelona: Kairós, 2023.

Cobb, Matthew. *The Idea of the Brain: A History*. Londres: Profile Books, 2021.

Costandi, Moheb. *Neuroplasticity*. The MIT Press essential knowledge series. Cambridge, MA: The MIT Press, 2016.

Doidge, Norman. *The Brain That Changes Itself: Stories of Personal Triumph from the Frontiers of Brain Science*. Londres: Penguin Books, 2008.

Eagleman, David. *Livewired: the Inside Story of the Ever-changing Brain*. First edition. Nueva York: Pantheon Books, 2020.

— *The Brain*. First American edition. Nueva York: Pantheon Books, 2015.

Ericsson, K. Anders y Robert Pool. *Peak: How to Master Almost Anything*. Toronto, Ontario, Canadá: Penguin, 2017.

Greenfield, Susan A. *Mind Change: How Digital Technologies Are Leaving Their Mark on Our Brains*. 1. ed. Nueva York, NY: Random House, 2015.

Mosconi, Lisa. *Brain Food: The Surprising Science of Eating for Cognitive Power*. Londres: Penguin Life, Penguin Random House UK, 2018.

Mughal, Idrees. *Saturated Facts: A Myth-Busting Guide to Diet and Nutrition in a World of Misinformation*. Reino Unido: Penguin Life, 2024.

Nord, Camilla. *The Balanced Brain: the Science of Mental Health*. Princeton: Princeton University Press, 2024.

Pazos, Tamara. *Este libro te hará vivir más (o por lo menos mejor): Elige buenos hábitos, adapta tus rutinas y mejora tu bienestar*. 1.ª edición, Barcelona: Paidós, 2023.

Ravey, Julia. *Braintenance: How to Create Healthy Habits and Reach Your Goals*. Londres: Macmillan, 2023.

Sapolsky, Robert M. *Behave: The Biology of Humans at Our Best and Worst*. First published by Vintage in 2018. Londres: Vintage, 2018.

Wilson, Kimberley. *How to Build a Healthy Brain: Reduce Stress, Anxiety and Depression and Future-Proof Your Brain*. Londres: Yellow Kite, 2020.

BIBLIOGRAFÍA

Principales artículos consultados

Capítulo 2

Barrett, Lisa Feldman y W. Kyle Simmons. «Interoceptive Predictions in the Brain». *Nature Reviews Neuroscience* 16, n.º 7 (julio de 2015): 419-29, <https://doi.org/10.1038/nrn3950>.

Bullmore, Ed y Olaf Sporns. «Complex Brain Networks: Graph Theoretical Analysis of Structural and Functional Systems». *Nature Reviews. Neuroscience* 10, n.º 3 (marzo de 2009): 186-98, <https://doi.org/10.1038/nrn2575>.

Cappelletti, Simone, Daria Piacentino, Gabriele Sani y Mariarosaria Aromatario. «Caffeine: Cognitive and Physical Performance Enhancer or Psychoactive Drug?». *Current Neuropharmacology* 13, n.º 1 (enero de 2015): 71-88, <https://doi.org/10.2174/1570159X13666141210215655>.

Crossley, Nicolas A., Andrea Mechelli, Jessica Scott, Francesco Carletti, Peter T. Fox, Philip McGuire y Edward T. Bullmore. «The Hubs of the Human Connectome are Generally Implicated in the Anatomy of Brain Disorders». *Brain* 137, n.º 8 (1 de agosto de 2014): págs. 2382-95, <https://doi.org/10.1093/brain/awu132>.

Heuvel, Martijn P. van den, René S. Kahn, Joaquín Goñi y Olaf Sporns. «From the Cover: High-Cost, High-Capacity Backbone for Global Brain Communication». *Proceedings of the National Academy of Sciences of the United States of America* 109, n.º 28 (7 de julio de 2012): 11372, <https://doi.org/10.1073/pnas.1203593109>.

Heuvel, Martijn P. van den y Olaf Sporns. «Network Hubs in the Human Brain». *Trends in Cognitive Sciences* 17, n.º 12 (diciembre de 2013): 683-96, <https://doi.org/10.1016/j.tics.2013.09.012>.

Kadohisa, Mikiko. «Effects of Odor on Emotion, with Implications». *Frontiers in Systems Neuroscience* 7 (10 de octubre de 2013), <https://doi.org/10.3389/fnsys.2013.00066>.

Miranda, Magdalena, Juan Facundo Morici, María Belén Zanoni y Pedro Bekinschtein. «Brain-Derived Neurotrophic Factor: A Key Molecule for Memory in the Healthy and the Pathological Brain». *Frontiers in Cellular Neuroscience* 13 (7 de agosto de 2019), <https://doi.org/10.3389/fncel.2019.00363>.

Najle, Sebastián R., Xavier Grau-Bové, Anamaria Elek, Cristina Navarrete, Damiano Cianferoni, Cristina Chiva, Didac Cañas-Armenteros, *et al.* «Stepwise Emergence of the Neuronal Gene Expression Program in Early Animal Evolution». *Cell* 186, n.º 21 (12 de octubre de 2023): 4676-4693.e29, <https://doi.org/10.1016/j.cell.2023.08.027>.

Pezzulo, Giovanni, Marco Zorzi y Maurizio Corbetta. «The Secret Life of Predictive Brains: What's Spontaneous Activity for?». *Trends in Cognitive Sciences* 25, n.º 9 (1 de septiembre de 2021): 730-43, <https://doi.org/10.1016/j.tics.2021.05.007>.

Verkhratsky, Alexei, Margaret S. Ho, Robert Zorec y Vladimir Parpura. «The Concept of Neuroglia». *Advances in Experimental Medicine and Biology* 1175 (2019): 1-13, <https://doi.org/10.1007/978-981-13-9913-8_1>.

Warren, David E., Jonathan D. Power, Joel Bruss, Natalie L. Denburg, Eric J. Waldron, Haoxin Sun, Steven E. Petersen y Daniel Tranel. «Network Measures Predict Neuropsychological Outcome after Brain Injury». *Proceedings of the National Academy of Sciences of the United States of America* 111, n.º 39 (30 de septiembre de 2014): 14247-52, <https://doi.org/10.1073/pnas.1322173111>.

BIBLIOGRAFÍA

Capítulo 3

Seth, Anil. «The Real Problem | Aeon Essays». Aeon. Accedido 6 de abril de 2024, <https://aeon.co/essays/the-hard-problem-of-consciousness-is-a-distraction-from-the-real-one>.

Capítulo 5

Brown, Richard E. y Peter M. Milner. «The Legacy of Donald O. Hebb: More than the Hebb Synapse». *Nature Reviews. Neuroscience* 4, n.º 12 (diciembre de 2003): 1013-19, <https://doi.org/10.1038/nrn1257>.

Eriksson, P. S., E. Perfilieva, T. Björk-Eriksson, A. M. Alborn, C. Nordborg, D. A. Peterson, y F. H. Gage. «Neurogenesis in the Adult Human Hippocampus». *Nature Medicine* 4, n.º 11 (noviembre de 1998): 1313-17, <https://doi.org/10.1038/3305>.

Gould, Elizabeth, y Charles G. Gross. «Neurogenesis in Adult Mammals: Some Progress and Problems». *The Journal of Neuroscience: The Official Journal of the Society for Neuroscience* 22, n.º 3 (1 de febrero de 2002): 619-23, <https://doi.org/10.1523/JNEUROSCI.22-03-00619.2002>.

Nottebohm, Fernando. «A Brain for All Seasons: Cyclical Anatomical Changes in Song Control Nuclei of the Canary Brain». *Science* (Nueva York, N. Y.) 214, n.º 4527 (18 de diciembre de 1981): 1368-70, <https://doi.org/10.1126/science.7313697>.

Capítulo 6

Anacker, C., P. A. Zunszain, A. Cattaneo, L. A. Carvalho, M. J. Garabedian, S. Thuret, J. Price, y C. M. Pariante.

«Antidepressants increase human hippocampal neurogenesis by activating the glucocorticoid receptor». *Molecular Psychiatry* 16, n.º 7 (julio de 2011): 738-50, <https://doi.org/10.1038/mp.2011.26>.

Bengtsson, Sara L., Zoltán Nagy, Stefan Skare, Lea Forsman, Hans Forssberg y Fredrik Ullén. «Extensive Piano Practicing Has Regionally Specific Effects on White Matter Development». *Nature Neuroscience* 8, n.º 9 (septiembre de 2005): 1148-50, <https://doi.org/10.1038/nn1516>.

Bohlen und Halbach, Oliver von. «Neurotrophic Factors and Dendritic Spines». En *Dendritic Spines: Structure, Function, and Plasticity*, editado por Alberto A. Rasia-Filho, Maria Elisa Calcagnotto, y Oliver von Bohlen und Halbach, 223-54. Cham: Springer International Publishing, 2023, <https://doi.org/10.1007/978-3-031-36159-3_5>.

Du Preez, Andrea, Diletta Onorato, Inez Eiben, Ksenia Musaelyan, Martin Egeland, Patricia A. Zunszain, Cathy Fernandes, Sandrine Thuret y Carmine M. Pariante. «Chronic Stress Followed by Social Isolation Promotes Depressive-like Behaviour, Alters Microglial and Astrocyte Biology and Reduces Hippocampal Neurogenesis in Male Mice». *Brain, Behavior, and Immunity* 91 (enero de 2021): 24-47, <https://doi.org/10.1016/j.bbi.2020.07.015>.

Geloso, Maria Concetta y Nadia D'Ambrosi. «Microglial Pruning: Relevance for Synaptic Dysfunction in Multiple Sclerosis and Related Experimental Models». *Cells* 10, n.º 3 (20 de marzo de 2021): 686, <https://doi.org/10.3390/cells10030686>.

Ho, Victoria M., Ji-Ann Lee, y Kelsey C. Martin. «The Cell Biology of Synaptic Plasticity». *Science* (Nueva York, N. Y.) 334, n.º 6056 (4 de noviembre de 2011): 623-28, <https://doi.org/10.1126/science.1209236>.

Hughes, Ethan G., y Bruce Appel. «The Cell Biology of CNS Myelination». *Current Opinion in Neurobiology* 39 (agosto de 2016): 93-100, <https://doi.org/10.1016/j.conb.2016.04.013>.

Kaplan, Michael S. «Environment Complexity Stimulates Visual Cortex Neurogenesis: Death of a Dogma and a Research Career». *Trends in Neurosciences* 24, n.º 10 (1 de octubre de 2001): 617-20, <https://doi.org/10.1016/S0166-2236(00)01967-6>.

Lee, Hong-Gyun, Michael A. Wheeler y Francisco J. Quintana. «Function and Therapeutic Value of Astrocytes in Neurological Diseases». *Nature Reviews. Drug Discovery* 21, n.º 5 (mayo de 2022): 339-58, <https://doi.org/10.1038/s41573-022-00390-x>.

Marzola, Patrícia, Thayza Melzer, Eloisa Pavesi, Joana Gil-Mohapel y Patricia S. Brocardo. «Exploring the Role of Neuroplasticity in Development, Aging, and Neurodegeneration». *Brain Sciences* 13, n.º 12 (21 de noviembre de 2023): 1610, <https://doi.org/10.3390/brainsci13121610>.

McKenzie, Ian A., David Ohayon, Huiliang Li, Joana Paes de Faria, Ben Emery, Koujiro Tohyama y William D. Richardson. «Motor Skill Learning Requires Active Central Myelination». *Science* (Nueva York, N. Y.) 346, n.º 6207 (17 de octubre de 2014): 318-22, <https://doi.org/10.1126/science.1254960>.

Mederos, Sara, Candela González-Arias y Gertrudis Perea. «Astrocyte-Neuron Networks: A Multilane Highway of Signaling for Homeostatic Brain Function». *Frontiers in Synaptic Neuroscience* 10 (2018): 45, <https://doi.org/10.3389/fnsyn.2018.00045>.

Miranda, Magdalena, Juan Facundo Morici, María Belén Zanoni y Pedro Bekinschtein. «Brain-Derived Neurotrophic Factor: A Key Molecule for Memory in the Healthy and the Pathological Brain». *Frontiers in Cellular Neu-*

roscience 13 (2019): 363, <https://doi.org/10.3389/fncel.2019.00363>.

Nadim, Farzan y Dirk Bucher. «Neuromodulation of Neurons and Synapses». *Current opinion in neurobiology* 0 (diciembre de 2014): 48-56, <https://doi.org/10.1016/j.conb.2014.05.003>.

Pchitskaya, Ekaterina e Ilya Bezprozvanny. «Dendritic Spines Shape Analysis-Classification or Clusterization? Perspective». *Frontiers in Synaptic Neuroscience* 12 (2020): 31, <https://doi.org/10.3389/fnsyn.2020.00031>.

Perea, Gertrudis, Marta Navarrete y Alfonso Araque. «Tripartite Synapses: Astrocytes Process and Control Synaptic Information». *Trends in Neurosciences* 32, n.º 8 (agosto de 2009): 421-31, <https://doi.org/10.1016/j.tins.2009.05.001>.

Sakai, Jill. «Core Concept: How Synaptic Pruning Shapes Neural Wiring during Development and, Possibly, in Disease». *Proceedings of the National Academy of Sciences of the United States of America* 117, n.º 28 (14 de julio de 2020): 16096-99, <https://doi.org/10.1073/pnas.2010281117>.

Scholz, Jan, Miriam C. Klein, Timothy E. J. Behrens y Heidi Johansen-Berg. «Training Induces Changes in White Matter Architecture». *Nature neuroscience* 12, n.º 11 (noviembre de 2009): 1370-71, <https://doi.org/10.1038/nn.2412>.

Snyder, Jason. «Have We Been Asking the Right Questions about Neurogenesis?». UBC Department of Psychology. Accedido 6 de abril de 2024, <https://psych.ubc.ca/news/have-we-been-asking-the-right-questions-about-neurogenesis/>.

Snyder, Jason S. «Recalibrating the Relevance of Adult Neurogenesis». *Trends in Neurosciences* 42, n.º 3 (marzo de 2019): 164-78, <https://doi.org/10.1016/j.tins. 2018.12.001>.

Sorrells, Shawn F., Mercedes F. Paredes, Arantxa Cebrián-Silla, Kadellyn Sandoval, Dashi Qi, Kevin W. Kelley David James, *et al.* «Human Hippocampal Neurogenesis Drops Sharply in Children to Undetectable Levels in Adults». *Nature* 555, n.º 7696 (15 de marzo de 2018): 377-81, <https://doi.org/10.1038/nature25975>.

Specter, Michael. «Rethinking the Brain». *The New Yorker*, 15 de julio de 2001, <https://www.newyorker.com/magazine/2001/07/23/rethinking-the-brain>.

Tomassy, Giulio Srubek, Daniel R. Berger, Hsu-Hsin Chen, Narayanan Kasthuri, Kenneth J. Hayworth, Alessandro Vercelli, H. Sebastian Seung, Jeff W. Lichtman y Paola Arlotta. «Distinct Profiles of Myelin Distribution along Single Axons of Pyramidal Neurons in the Neocortex». *Science* (Nueva York, N. Y.) 344, n.º 6181 (18 de abril de 2014): 319-24, <https://doi.org/10.1126/science.1249766>.

Xin, Wendy, y Jonah R. Chan. «Myelin Plasticity: Sculpting Circuits in Learning and Memory». *Nature Reviews. Neuroscience* 21, n.º 12 (diciembre de 2020): 682-94, <https://doi.org/10.1038/s41583-020-00379-8>.

Zagrebelsky, Marta, Charlotte Tacke y Martin Korte. «BDNF Signaling during the Lifetime of Dendritic Spines». *Cell and Tissue Research* 382, n.º 1 (1 de octubre de 2020): 185-99, <https://doi.org/10.1007/s00441-020-03226-5>.

Capítulo 7

Surget, Alexandre y Catherine Belzung. «Adult Hippocampal Neurogenesis Shapes Adaptation and Improves Stress Response: A Mechanistic and Integrative Perspective». *Molecular Psychiatry* 27, n.º 1 (enero de 2022): 403-21, <https://doi.org/10.1038/s41380-021-01136-8>.

Capítulo 8

Anselme, Patrick. «Dopamine, Motivation, and the Evolutionary Significance of Gambling-like Behaviour». *Behavioural Brain Research* 256 (1 de noviembre de 2013): 1-4, <https://doi.org/10.1016/j.bbr.2013.07.039>.

Anselme, Patrick y Mike J. F. Robinson. «What Motivates Gambling Behavior? Insight into Dopamine's Role». *Frontiers in Behavioral Neuroscience* 7 (2 de diciembre de 2013): 182, <https://doi.org/10.3389/fnbeh.2013.00182>.

Everitt, Barry J. y Trevor W. Robbins. «Drug Addiction: Updating Actions to Habits to Compulsions Ten Years On». *Annual Review of Psychology* 67 (2016): 23-50, <https://doi.org/10.1146/annurev-psych-122414-033457>.

— «Neural Systems of Reinforcement for Drug Addiction: From Actions to Habits to Compulsion». *Nature Neuroscience* 8, n.º 11 (noviembre de 2005): 1481-89, <https://doi.org/10.1038/nn1579>.

Fitzcharles, Mary-Ann, Steven P. Cohen, Daniel J. Clauw, Geoffrey Littlejohn, Chie Usui y Winfried Häuser. «Nociplastic Pain: Towards an Understanding of Prevalent Pain Conditions». *Lancet* (Londres, Inglaterra) 397, n.º 10289 (29 de mayo de 2021): 2098-2110, <https://doi.org/10.1016/S0140-6736(21)00392-5>.

Hanchar, H. Jacob, Panida Chutsrinopkun, Pratap Meera, Porntip Supavilai, Werner Sieghart, Martin Wallner y Richard W. Olsen. «Ethanol Potently and Competitively Inhibits Binding of the Alcohol Antagonist Ro15-4513 to $\alpha4/6\beta3\delta$ GABAA Receptors». *Proceedings of the National Academy of Sciences* 103, n.º 22 (30 de mayo de 2006): 8546-51, <https://doi.org/10.1073/pnas.0509903103>.

Harraz, Maged M., Adarsha P. Malla, Evan R. Semenza, Maria Shishikura, Manisha Singh, Yun Hwang, In Guk Kang, *et al.* «A High-affinity Cocaine Binding Site Associated with the Brain Acid Soluble Protein 1». *Proceedings of the National Academy of Sciences of the United States of America* 119, n.º 16 (19 de abril de 2022): e2200545119, <https://doi.org/10.1073/pnas.2200545119>.

Hiraga, Shin-Ichiro, Takahide Itokazu, Mariko Nishibe y Toshihide Yamashita. «Neuroplasticity Related to Chronic Pain and Its Modulation by Microglia». *Inflammation and Regeneration* 42, n.º 1 (3 de mayo de 2022): 15, <https://doi.org/10.1186/s41232-022-00199-6>.

Kanova, Marcela y Pavel Kohout. «Serotonin—Its Synthesis and Roles in the Healthy and the Critically Ill». *International Journal of Molecular Sciences* 22, n.º 9 (3 de mayo de 2021): 4837, <https://doi.org/10.3390/ijms22094837>.

Lazarus, Michael, Hai-Ying Shen, Yoan Cherasse, Wei-Min Qu, Zhi-Li Huang, Caroline E. Bass, Raphaelle Winsky-Sommerer, *et al.* «Arousal Effect of Caffeine Depends on Adenosine A2A Receptors in the Shell of the Nucleus Accumbens». *Journal of Neuroscience* 31, n.º 27 (6 de julio de 2011): 10067-75, <https://doi.org/10.1523/JNEUROSCI.6730-10.2011>.

Lewis, Marc. «Addiction and the Brain: Development, Not Disease». *Neuroethics* 10, n.º 1 (2017): 7-18, <https://doi.org/10.1007/s12152-016-9293-4>.

Lewis, Robert G., Ermanno Florio, Daniela Punzo y Emiliana Borrelli. «The Brain's Reward System in Health and Disease». *Advances in experimental medicine and biology* 1344 (2021): 57-69, <https://doi.org/10.1007/978-3-030-81147-1_4>.

Peters, Jan, Taylor Vega, Dawn Weinstein, Jennifer Mitchell y Andrew Kayser. «Dopamine and Risky Decision-Making in Gambling Disorder». *eNeuro* 7, n.º 3 (1 de

junio de 2020): ENEURO.0461-19.2020, <https://doi.
org/10.1523/ENEURO.0461-19.2020>.

Picciotto, Marina R., Michael J. Higley y Yann S. Mineur.
«Acetylcholine as a Neuromodulator: Cholinergic Sig-
naling Shapes Nervous System Function and Behavior».
Neuron 76, n.º 1 (4 de octubre de 2012): 116-29,
<https://doi.org/10.1016/j.neuron.2012.08.036>.

Sheng, Jiyao, Shui Liu, Yicun Wang, Ranji Cui y Xuewen
Zhang. «The Link between Depression and Chronic
Pain: Neural Mechanisms in the Brain». *Neural Plasticity* 2017 (2017): 9724371, <https://doi.org/10.1155/
2017/9724371>.

Singleton, S. Parker, Andrea I. Luppi, Robin L. Carhart-
Harris, Josephine Cruzat, Leor Roseman, David J. Nutt,
Gustavo Deco, Morten L. Kringelbach, Emmanuel A.
Stamatakis y Amy Kuceyeski. «Receptor-Informed Net-
work Control Theory Links LSD and Psilocybin to a
Flattening of the Brain's Control Energy Landscape».
Nature Communications 13, n.º 1 (3 de octubre de
2022): 5812, <https://doi.org/10.1038/s41467-022-
33578-1>.

Szalavitz, Maia, Khary K. Rigg y Sarah E. Wakeman. «Drug
dependence is not addiction—and it matters». *Annals of
Medicine* 53, n.º 1 (s. f.): 1989-92, <https://doi.org/10.1
080/07853890.2021.1995623>.

Valentino, Rita J. y Nora D. Volkow. «Untangling the
Complexity of Opioid Receptor Function». *Neuropsychopharmacology* 43, n.º 13 (diciembre de 2018):
2514-20, <https://doi.org/10.1038/s41386-018-0225-
3>.

Wiech, Katja, Markus Ploner e Irene Tracey. «Neurocogni-
tive Aspects of Pain Perception». *Trends in Cognitive
Sciences* 12, n.º 8 (agosto de 2008): 306-13, <https://doi.
org/10.1016/j.tics.2008.05.005>.

BIBLIOGRAFÍA

Wise, Roy A. y Mykel A. Robble. «Dopamine and Addiction». *Annual Review of Psychology* 71 (4 de enero de 2020): 79-106, <https://doi.org/10.1146/annurev-psych-010418-103337>.

Zapata, Agustín, Vicki L. Minney y Toni S. Shippenberg. «Shift from Goal-Directed to Habitual Cocaine Seeking after Prolonged Experience in Rats». *Journal of Neuroscience* 30, n.º 46 (17 de noviembre de 2010): 15457-63, <https://doi.org/10.1523/JNEUROSCI.4072-10.2010>.

Capítulo 9

Al Aboud, Nora M., Connor Tupper y Ishwarlal Jialal. «Genetics, Epigenetic Mechanism». En *StatPearls*. Treasure Island (FL): StatPearls Publishing, 2024, <http://www.ncbi.nlm.nih.gov/books/NBK532999/>.

Gentner, Maura B. y Mary L. O'Connor Leppert. «Environmental Influences on Health and Development: Nutrition, Substance Exposure, and Adverse Childhood Experiences». *Developmental Medicine and Child Neurology* 61, n.º 9 (septiembre de 2019): 1008-14, <https://doi.org/10.1111/dmcn.14149>.

Schuebel, Kornel, Miri Gitik, Katharina Domschke y David Goldman. «Making Sense of Epigenetics». *International Journal of Neuropsychopharmacology* 19, n.º 11 (15 de junio de 2016): pyw058, <https://doi.org/10.1093/ijnp/pyw058>.

Capítulo 10

Baroncelli, Laura, Manuela Scali, Gabriele Sansevero, Francesco Olimpico, Ilaria Manno, Mario Costa y Alessandro Sale. «Experience Affects Critical Period Plasticity in the Visual Cortex through an Epigenetic Regulation of Histone Post-Translational Modifications». *The Journal of Neuroscience* 36, n.º 12 (23 de marzo de 2016): 3430-40, <https://doi.org/10.1523/JNEUROSCI.1787-15.2016>.

Cisneros-Franco, J. Miguel, Patrice Voss, Maryse E. Thomas y Etienne de Villers-Sidani. «Critical Periods of Brain Development». *Handbook of Clinical Neurology* 173 (2020): 75-88, <https://doi.org/10.1016/B978-0-444-64150-2.00009-5>.

Friedmann, Naama y Dana Rusou. «Critical Period for First Language: The Crucial Role of Language Input during the First Year of Life». *Current Opinion in Neurobiology* 35 (diciembre de 2015): 27-34, <https://doi.org/10.1016/j.conb.2015.06.003>.

Frost, Rebecca L. A. y Padraic Monaghan. «Simultaneous Segmentation and Generalisation of Non-Adjacent Dependencies from Continuous Speech». *Cognition* 147 (febrero de 2016): 70-74, <https://doi.org/10.1016/j.cognition.2015.11.010>.

Hartshorne, Joshua K., Joshua B. Tenenbaum y Steven Pinker. «A Critical Period for Second Language Acquisition: Evidence from 2/3 Million English Speakers». *Cognition* 177 (agosto de 2018): 263-77, <https://doi.org/10.1016/j.cognition.2018.04.007>.

Hensch, Takao K., y Elizabeth M. Quinlan. «Critical Periods in Amblyopia». *Visual neuroscience* 35 (enero de 2018): E014, <https://doi.org/10.1017/S0952523817000219>.

Martínez-Álvarez, Anna, Judit Gervain, Elena Koulaguina, Ferran Pons y Ruth de Diego-Balaguer. «Prosodic Cues Enhance Infants' Sensitivity to Nonadjacent Regularities». *Science Advances* 9, n.º 15 (s. f.): eade4083, <https://doi.org/10.1126/sciadv.ade4083>.

Mowery, Todd M., Vibhakar C. Kotak y Dan H. Sanes. «The Onset of Visual Experience Gates Auditory Cortex

Critical Periods». *Nature Communications* 7 (20 de enero de 2016): 10416, <https://oi.org/10.1038/ncomms10416>.

Saffran, J. R., R. N. Aslin y E. L. Newport. «Statistical Learning by 8-Month-Old Infants». *Science* (Nueva York, N. Y.) 274, n.º 5294 (13 de diciembre de 1996): 1926-28, <https://doi.org/10.1126/science.274.5294.1926>.

Thiessen, Erik D., Emily A. Hill y Jenny R. Saffran. «Infant-Directed Speech Facilitates Word Segmentation». *Infancy* 7, n.º 1 (1 de febrero de 2005): 53-71, <https://doi.org/10.1207/s15327078in0701_5>.

Capítulo 11

BBC News Mundo. «Fin de la revolución en Rumanía: la macabra historia de los "huérfanos de Ceauşescu" y qué enseñó su tragedia a la ciencia sobre la mente de los niños». Accedido 6 de abril de 2024, <https://www.bbc.com/mundo/noticias-internacional-50888959>.

Hoekzema, Elseline, Erika Barba-Müller, Cristina Pozzobon, Marisol Picado, Florencio Lucco, David García-García, Juan Carlos Soliva, *et al.* «Pregnancy Leads to Long-Lasting Changes in Human Brain Structure». *Nature Neuroscience* 20, n.º 2 (febrero de 2017): 287-96, <https://doi.org/10.1038/nn.4458>.

Hoekzema, Elseline, Henk van Steenbergen, Milou Straathof, Arlette Beekmans, Inga Marie Freund, Petra J. W. Pouwels y Eveline A. Crone. «Mapping the Effects of Pregnancy on Resting State Brain Activity, White Matter Microstructure, Neural Metabolite Concentrations and Grey Matter Architecture». *Nature Communications* 13, n.º 1 (22 de noviembre de 2022): 6931, <https://doi.org/10.1038/s41467-022-33884-8>.

Martínez-García, Magdalena, María Paternina-Die, Sofia I. Cardenas, Óscar Vilarroya, Manuel Desco, Susanna

Carmona y Darby E. Saxbe. «First-Time Fathers Show Longitudinal Gray Matter Cortical Volume Reductions: Evidence from Two International Samples». *Cerebral Cortex* (Nueva York, N.Y.: 1991) 33, n.º 7 (21 de marzo de 2023): 4156-63, <https://doi.org/10.1093/cercor/bhac333>.

Orchard, Edwina R., Helena J. V. Rutherford, Avram J. Holmes y Sharna D. Jamadar. «Matrescence: Lifetime Impact of Motherhood on Cognition and the Brain». *Trends in Cognitive Sciences* 27, n.º 3 (1 de marzo de 2023): 302-16, <https://doi.org/10.1016/j.tics.2022.12.002>.

Paternina-Die, María, Magdalena Martínez-García, Daniel Martín de Blas, Inés Noguero, Camila Servin-Barthet, Clara Pretus, Anna Soler, Gonzalo López-Montoya, Manuel Desco y Susana Carmona. «Women's Neuroplasticity during Gestation, Childbirth and Postpartum». *Nature Neuroscience* 27, n.º 2 (febrero de 2024): 319-27, <https://doi.org/10.1038/s41593-023-01513-2>.

Rowold, Katharina. «What Do Babies Need to Thrive? Changing Interpretations of "Hospitalism" in an International Context, 1900-1945». *Social History of Medicine: The Journal of the Society for the Social History of Medicine* 32, n.º 4 (noviembre de 2019): 799-818, <https://doi.org/10.1093/shm/hkx114>.

Capítulo 12

Gage, Suzanne, Hannah Jones, Stephen Burgess, Jack Bowden, George Davey Smith, Stanley Zammit y Marcus Munafò. «Assessing Causality in Associations Between Cannabis Use and Schizophrenia Risk: a Two-sample Mendelian Randomization Study». *Psychological Medicine* 47, n.º 5 (abril de 2017): 971-80, <https://doi.org/10.1017/S0033291716003172>.

BIBLIOGRAFÍA

Golshani, Peyman, J. Tiago Gonçalves, Sattar Khoshkhoo, Ricardo Mostany, Stelios Smirnakis y Carlos Portera-Cailliau. «Internally Mediated Developmental Desynchronization of Neocortical Network Activity». *The Journal of Neuroscience* 29, n.º 35 (2 de septiembre de 2009): 10890-99, <https://doi.org/10.1523/JNUROSCI.2012-09.2009>.

Kolk, Sharon M. y Pasko Rakic. «Development of Prefrontal Cortex». *Neuropsychopharmacology: Official Publication of the American College of Neuropsychopharmacology* 47, n.º 1 (enero de 2022): 41-57, <https://doi.org/10.1038/s41386-021-01137-9>.

Shen, Helen. «News Feature: Cannabis and the Adolescent Brain». *Proceedings of the National Academy of Sciences of the United States of America* 117, n.º 1 (7 de enero de 2020): 7-11, <https://doi.org/10.1073/pnas.1920325116>.

Stilo, Simona A. y Robin M. Murray. «Non-Genetic Factors in Schizophrenia». *Current Psychiatry Reports* 21, n.º 10 (14 de septiembre de 2019): 100, <https://doi.org/10.1007/s11920-019-1091-3>.

Sydnor, Valerie J., Bart Larsen, Jakob Seidlitz, Azeez Adebimpe, Aaron F. Alexander-Bloch, Dani S. Bassett, Maxwell A. Bertolero, *et al.* «Intrinsic Activity Development Unfolds along a Sensorimotor-Association Cortical Axis in Youth». *Nature Neuroscience* 26, n.º 4 (abril de 2023): 638-49, <https://doi.org/10.1038/s41593-023-01282-y>.

— «Intrinsic Activity Development Unfolds along a Sensorimotor-Association Cortical Axis in Youth». *Nature Neuroscience* 26, n.º 4 (abril de 2023): 638-49, <https://doi.org/10.1038/s41593-023-01282-y>.

Teffer, Kate y Katerina Semendeferi. «Human Prefrontal Cortex: Evolution, Development, and Pathology». *Pro-*

gress in Brain Research 195 (2012): 191-218, <https://doi.org/10.1016/B978-0-444-53860-4.00009-X>.

Capítulo 13

De Leersnyder, Jozefien, Heejung S. Kim y Batja Mesquita. «My Emotions Belong Here and There: Extending the Phenomenon of Emotional Acculturation to Heritage Culture Fit». *Cognition and Emotion* 34, n.º 8 (16 de noviembre de 2020): 1573-90, <https://doi.org/10.1080/02699931.2020.1781063>.

Hofstede, Geert. «Dimensionalizing Cultures: The Hofstede Model in Context». *Online Readings in Psychology and Culture* 2, n.º 1 (1 de diciembre de 2011), <https://doi.org/10.9707/2307-0919.1014>.

Oyserman, Daphna y Spike W. S. Lee. «Does Culture Influence What and How We Think? Effects of Priming Individualism and Collectivism». *Psychological Bulletin* 134, n.º 2 (marzo de 2008): 311-42, <https://doi.org/10.1037/0033-2909.134.2.311>.

Oyserman, Daphna y Spike Wing-Sing Lee. «Priming "Culture": Culture as Situated Cognition». En *Handbook of cultural psychology*, 255-79. Nueva York, N. Y.: The Guilford Press, 2007.

Páez, Darío y Myriam Campos. «Capítulo XVI. Cultura, evitación de la incertidumbre y confianza interpersonal», 2004, <https://www.researchgate.net/publication/283908729_CAPITULO_XVI_CULTURA_EVITACION_DE_LA_INCERTIDUMBRE_Y_CONFIANZA_INTERPERSONAL_Dario_Paez_MIRYAM_CAMPOS>.

Talhelm, T., X. Zhang, S. Oishi, C. Shimin, D. Duan, X. Lan, y S. Kitayama. «Large-Scale Psychological Differences Within China Explained by Rice Versus Wheat

Agriculture». *Science* 344, n.º 6184 (9 de mayo de 2014): 603-8, <https://doi.org/10.1126/science.1246850>.

Capítulo 14

Arenaza-Urquijo, Eider M. y Prashanthi Vemuri. «Resistance vs resilience to Alzheimer disease». *Neurology* 90, n.º 15 (10 de abril de 2018): 695-703, <https://doi.org/10.1212/WNL.0000000000005303>.

Isaev, Nickolay K., Elena V. Stelmashook y Elisaveta E. Genrikhs. «Neurogenesis and Brain Aging». *Reviews in the Neurosciences* 30, n.º 6 (26 de julio de 2019): 573-80, <https://doi.org/10.1515/revneuro-2018-0084>.

Lodato, Michael A., Rachel E. Rodin, Craig L. Bohrson, Michael E. Coulter, Alison R. Barton, Minseok Kwon, Maxwell A. Sherman, *et al.* «Aging and Neurodegeneration are Associated with Increased Mutations in Single Human Neurons». *Science* 359, n.º 6375 (2 de febrero de 2018): 555-59, <https://doi.org/10.1126/science.aao4426>.

Marzola, Patrícia, Thayza Melzer, Eloisa Pavesi, Joana Gil-Mohapel y Patricia S. Brocardo. «Exploring the Role of Neuroplasticity in Development, Aging, and Neurodegeneration». *Brain Sciences* 13, n.º 12 (21 de noviembre de 2023): 1610, <https://doi.org/10.3390/brainsci13121610>.

Sommerlad, Andrew, Mika Kivimäki, Eric B. Larson, Susanne Röhr, Kokoro Shirai, Archana Singh-Manoux y Gill Livingston. «Social Participation and Risk of Developing Dementia». *Nature Aging* 3, n.º 5 (mayo de 2023): 532-45, <https://doi.org/10.1038/s43587-023-00387-0>.

Capítulo 15

AlDabal, Laila y Ahmed S. BaHammam. «Metabolic, Endocrine, and Immune Consequences of Sleep Deprivation».

The Open Respiratory Medicine Journal 5 (23 de junio de 2011): 31-43, <https://doi.org/10.2174/1874306401105010031>.

Bourgognon, Julie-Myrtille y Jonathan Cavanagh. «The Role of Cytokines in Modulating Learning and Memory and Brain Plasticity». *Brain and Neuroscience Advances* 4 (18 de diciembre de 2020): 2398212820979802, <https://doi.org/10.1177/2398212820979802>.

Diekelmann, Susanne y Jan Born. «The Memory Function of Sleep». *Nature Reviews. Neuroscience* 11, n.º 2 (febrero de 2010): 114-26, <https://doi.org/10.1038/nrn2762>.

Foster, Russell G. «Sleep, Circadian Rhythms and Health». *Interface Focus* 10, n.º 3 (6 de junio de 2020): 20190098, <https://doi.org/10.1098/rsfs.2019.0098>.

Irish, Leah A., Christopher E. Kline, Heather E. Gunn, Daniel J. Buysse y Martica H. Hall. «The Role of Sleep Hygiene in Promoting Public Health: A Review of Empirical Evidence». *Sleep medicine reviews* 22 (agosto de 2015): 23-36, <https://doi.org/10.1016/j.smrv.2014.10.001>.

Jessen, Nadia Aalling, Anne Sofie Finmann Munk, Iben Lundgaard y Maiken Nedergaard. «The Glymphatic System – A Beginner's Guide». *Neurochemical research* 40, n.º 12 (diciembre de 2015): 2583-99, <https://doi.org/10.1007/s11064-015-1581-6>.

Krueger, James M. «The Role of Cytokines in Sleep Regulation». *Current Pharmaceutical Design* 14, n.º 32 (2008): 3408-16, <https://doi.org/10.2174/138161208786549281>.

Stickgold, Robert. «Parsing the Role of Sleep in Memory Processing». *Current Opinion in Neurobiology* 23, n.º 5 (octubre de 2013): 847-53, <https://doi.org/10.1016/j.conb.2013.04.002>.

BIBLIOGRAFÍA

Capítulo 16

Abrego-Guandique, Diana Marisol, Maria Luisa Bonet, Maria Cristina Caroleo, Roberto Cannataro, Paola Tucci, Joan Ribot y Erika Cione. «The Effect of Beta-Carotene on Cognitive Function: A Systematic Review». *Brain Sciences* 13, n.º 10 (17 de octubre de 2023): 1468, <https://doi.org/10.3390/brainsci13101468>.

Almulla, Abbas F. y Michael Maes. «Although Serotonin Is Not a Major Player in Depression, Its Precursor Is». *Molecular Psychiatry* 28, n.º 8 (agosto de 2023): 3155-56, <https://doi.org/10.1038/s41380-023-02092-1>.

Álvarez, Julia, José Manuel Fernández Real, Francisco Guarner, Miguel Gueimonde, Juan Miguel Rodríguez, Miguel Saenz de Pipaon y Yolanda Sanz. «Microbiota intestinal y salud». *Gastroenterología y Hepatología* 44, n.º 7 (1 de agosto de 2021): 519-35, <https://doi.org/10.1016/j.gastrohep.2021.01.009>.

Baltrusch, Simone. «The Role of Neurotropic B Vitamins in Nerve Regeneration». *BioMed Research International* 2021 (13 de julio de 2021): 9968228, <https://doi.org/10.1155/2021/9968228>.

Benton, David y Hayley A. Young. «Do Small Differences in Hydration Status Affect Mood and Mental Performance?». *Nutrition Reviews* 73, n.º suppl_2 (1 de septiembre de 2015): 83-96, <https://doi.org/10.1093/nutrit/nuv045>.

Berger, Miles, John A. Gray, y Bryan L. Roth. «The Expanded Biology of Serotonin». *Annual Review of Medicine* 60 (2009): 355, <https://doi.org/10.1146/annurev.med.60.042307.110802>.

Blumberg, Jack, Samantha L. Hahn y Jesse Bakke. «Intermittent Fasting: Consider the Risks of Disordered Eating for Your Patient». *Clinical Diabetes and Endocrinology*

9, n.º 1 (21 de octubre de 2023): 4, <https://doi.org/10.1186/s40842-023-00152-7>.

Breit, Sigrid, Aleksandra Kupferberg, Gerhard Rogler y Gregor Hasler. «Vagus Nerve as Modulator of the Brain–Gut Axis in Psychiatric and Inflammatory Disorders». *Frontiers in Psychiatry* 9 (13 de marzo de 2018), <https://doi.org/10.3389/fpsyt.2018.00044>.

Calderón-Ospina, Carlos Alberto y Mauricio Orlando Nava-Mesa. «B Vitamins in the Nervous System: Current Knowledge of the Biochemical Modes of Action and Synergies of Thiamine, Pyridoxine, and Cobalamin». *CNS Neuroscience & Therapeutics* 26, n.º 1 (2020): 5-13, <https://doi.org/10.1111/cns.13207>.

Campos, Vanessa, Luc Tappy, Lia Bally, John L Sievenpiper y Kim-Anne Lê. «Importance of Carbohydrate Quality: What Does It Mean and How to Measure It?». *The Journal of Nutrition* 152, n.º 5 (18 de febrero de 2022): 1200-1206, <https://doi.org/10.1093/jn/nxac039>.

Chassaing, Benoit, Omry Koren, Julia K. Goodrich, Angela C. Poole, Shanthi Srinivasan, Ruth E. Ley y Andrew T. Gewirtz. «Dietary Emulsifiers Impact the Mouse Gut Microbiota Promoting Colitis and Metabolic Syndrome». *Nature* 519, n.º 7541 (5 de marzo de 2015): 92-96, <https://doi.org/10.1038/nature14232>.

Chongtham, Anjalika y Namita Agrawal. «Curcumin Modulates Cell Death and Is Protective in Huntington's Disease Model». *Scientific Reports* 6 (5 de enero de 2016): 18736, <https://doi.org/10.1038/srep18736>.

Coad, Jane y Cathryn Conlon. «Iron Deficiency in Women: Assessment, Causes and Consequences». *Current Opinion in Clinical Nutrition and Metabolic Care* 14, n.º 6 (noviembre de 2011): 625-34, <https://doi.org/10.1097/MCO.0b013e32834be6fd>.

BIBLIOGRAFÍA

Dalile, Boushra, Lukas Van Oudenhove, Bram Vervliet y Kristin Verbeke. «The Role of Short-Chain Fatty Acids in Microbiota-Gut-Brain Communication». *Nature Reviews. Gastroenterology & Hepatology* 16, n.º 8 (agosto de 2019): 461-78, <https://doi.org/10.1038/s41575-019 -0157-3>.

Davani-Davari, Dorna, Manica Negahdaripour, Iman Karimzadeh, Mostafa Seifan, Milad Mohkam, Seyed Jalil Masoumi, Aydin Berenjian y Younes Ghasemi. «Prebiotics: Definition, Types, Sources, Mechanisms, and Clinical Applications». *Foods* 8, n.º 3 (9 de marzo de 2019): 92, <https://doi.org/10.3390/foods8030092>.

Dong, Suzhen, Qingwen Zeng, E. Siobhan Mitchell, Jin Xiu, Yale Duan, Chunxia Li, Jyoti K. Tiwari, Yinghe Hu, Xiaohua Cao y Zheng Zhao. «Curcumin Enhances Neurogenesis and Cognition in Aged Rats: Implications for Transcriptional Interactions Related to Growth and Synaptic Plasticity». *PLoS ONE* 7, n.º 2 (16 de febrero de 2012): e31211, <https://doi.org/10.1371/journal. pone.0031211>.

Engelhardt, David M., Cara A. Martyr y Lee Niswander. «Pathogenesis of Neural Tube Defects: the Regulation and Disruption of Cellular Processes Underlying Neural Tube Closure». *WIREs mechanisms of disease* 14, n.º 5 (septiembre de 2022): e1559, <https://doi.org/10.1002/ wsbm.1559>.

Fazzino, Tera L., Kaitlyn Rohde y Debra K. Sullivan. «Hyper-Palatable Foods: Development of a Quantitative Definition and Application to the US Food System Database». *Obesity* 27, n.º 11 (2019): 1761-68, <https://doi. org/10.1002/oby.22639>.

Fekete, Katalin, Cristiana Berti, Monica Trovato, Szimonetta Lohner, Carla Dullemeijer, Olga W. Souverein, Irene Cetin y Tamás Decsi. «Effect of Folate Intake on

Health Outcomes in Pregnancy: a Systematic Review and Meta-analysis on Birth Weight, Placental Weight and Length of Gestation». *Nutrition Journal* 11, n.º 1 (19 de septiembre de 2012): 75, <https://doi.org/10.1186/1475-2891-11-75>.

García-Aguilar, Ana, Olga Palomino, Manuel Benito y Carlos Guillén. «Dietary Polyphenols in Metabolic and Neurodegenerative Diseases: Molecular Targets in Autophagy and Biological Effects». *Antioxidants* 10, n.º 2 (febrero de 2021): 142, <https://doi.org/10.3390/antiox10020142>.

Jauhar, Sameer, Danilo Arnone, David S. Baldwin, Michael Bloomfield, Michael Browning, Anthony J. Cleare, Phillip Corlett, *et al.* «A Leaky Umbrella Has Little Value: Evidence Clearly Indicates the Serotonin System Is Implicated in Depression». *Molecular Psychiatry* 28, n.º 8 (agosto de 2023): 3149-52, <https://doi.org/10.1038/s41380-023-02095-y>.

Jin, Tian-ru. «Curcumin and Dietary Polyphenol Research: Beyond Drug Discovery». *Acta Pharmacologica Sinica* 39, n.º 5 (mayo de 2018): 779-86, <https://doi.org/10.1038/aps.2017.179>.

Kumar, Vijay, Ashok Kumar, Kritanjali Singh, Kapil Avasthi y Jong-Joo Kim. «Neurobiology of Zinc and Its Role in Neurogenesis». *European Journal of Nutrition* 60, n.º 1 (1 de febrero de 2021): 55-64, <https://doi.org/10.1007/s00394-020-02454-3>.

Lange, Klaus W. «Omega-3 Fatty Acids and Mental Health». *Global Health Journal* 4, n.º 1 (1 de marzo de 2020): 18-30, <https://doi.org/10.1016/j.glohj.2020.01.004>.

Li, Mengwei, Xiaowei Chi, Ying Wang, Sarra Setrerrahmane, Wenwei Xie y Hanmei Xu. «Trends in Insulin Resistance: Insights into Mechanisms and Therapeutic Strategy». *Signal Transduction and Targeted Therapy* 7, n.º 1

(6 de julio de 2022): 216, <https://doi.org/10.1038/s41392-022-01073-0>.

Li, Zhaoping y David Heber. «Intermittent Fasting». *JAMA* 326, n.º 13 (5 de octubre de 2021): 1338, <https://doi.org/10.1001/jama.2020.15140>.

Li, Zhe, Yang Liu, Ruixue Wei, V. Wee Yongy Mengzhou Xue. «The Important Role of Zinc in Neurological Diseases». *Biomolecules* 13, n.º 1 (23 de diciembre de 2022): 28, <https://doi.org/10.3390/biom13010028>.

Lindseth, Glenda, Brian Helland y Julie Caspers. «The Effects of Dietary Tryptophan on Affective Disorders». *Archives of psychiatric nursing* 29, n.º 2 (abril de 2015): 102-7, <https://doi.org/10.1016/j.apnu.2014.11.008>.

Los Institutos Nacionales de Salud. «Ayunar o no ayunar». Accedido 7 de abril de 2024, <https://salud.nih.gov/recursos-de-salud/nih-noticias-de-salud/ayunar-o-no-ayunar>.

Maiti, Panchanan y Gary L. Dunbar. «Use of Curcumin, a Natural Polyphenol for Targeting Molecular Pathways in Treating Age-Related Neurodegenerative Diseases». *International Journal of Molecular Sciences* 19, n.º 6 (31 de mayo de 2018): 1637, <https://doi.org/10.3390/ijms19061637>.

Mayer, Emeran. «Gut feelings: The Emerging Biology of Gut-brain Communication». *Nature Reviews. Neuroscience* 12 (13 de julio de 2011): 453-66, <https://doi.org/10.1038/nrn3071>.

Mayer, Emeran A., Karina Nance y Shelley Chen. «The Gut–Brain Axis». *Annual Review of Medicine* 73, volumen 73, 2022 (27 de enero de 2022): 439-53, <https://doi.org/10.1146/annurev-med-042320-014032>.

McCann, Samantha, Marta Perapoch Amadó y Sophie E. Moore. «The Role of Iron in Brain Development: A Systematic Review». *Nutrients* 12, n.º 7 (5 de julio de 2020): 2001, <https://doi.org/10.3390/nu12072001>.

Mennella, J. A., C. P. Jagnow y G. K. Beauchamp. «Prenatal and Postnatal Flavor Learning by Human Infants». *Pediatrics* 107, n.º 6 (junio de 2001): E88, <https://doi.org/10.1542/peds.107.6.e88>.

Naimi, Sabrine, Emilie Viennois, Andrew T. Gewirtz y Benoit Chassaing. «Direct Impact of Commonly Used Dietary Emulsifiers on Human Gut Microbiota». *Microbiome* 9, n.º 1 (22 de marzo de 2021): 66, <https://doi.org/10.1186/s40168-020-00996-6>.

O'Hearn, Meghan, Laura Lara-Castor, Frederick Cudhea, Victoria Miller, Julia Reedy, Peilin Shi, Jianyi Zhang, *et al.* «Incident Type 2 Diabetes Attributable to Suboptimal Diet in 184 Countries». *Nature Medicine* 29, n.º 4 (2023): 982-95, <https://doi.org/10.1038/s41591-023-02278-8>.

Pallarés, Manuel Gómez. «El pan integral por fin lo será: por qué la nueva normativa beneficia a los consumidores». *The Conversation*, 6 de mayo de 2019, <http://theconversation.com/el-pan-integral-por-fin-lo-sera-por-que-la-nueva-normativa-beneficia-a-los-consumidores-116366>.

Plasencia, Manuela. «Ácido fólico». *Offarm* 24, n.º 2 (1 de febrero de 2005): 78-87.

Poitelon, Yannick, Ashley M. Kopec y Sophie Belin. «Myelin Fat Facts: An Overview of Lipids and Fatty Acid Metabolism». *Cells* 9, n.º 4 (27 de marzo de 2020): 812, <https://doi.org/10.3390/cells9040812>.

Posta, Edit, Istvan Fekete, Eva Gyarmati, László Stündl, Eva Zold y Zsolt Barta. «The Effects of Artificial Sweeteners on Intestinal Nutrient-Sensing Receptors: Dr. Jekyll or Mr. Hyde?» *Life* 14, n.º 1 (20 de diciembre de 2023): 10, <https://doi.org/10.3390/life14010010>.

Redman, Kahla, Ted Ruffman, Penelope Fitzgerald y Sheila Skeaff. «Iodine Deficiency and the Brain: Effects and

BIBLIOGRAFÍA

Mechanisms». *Critical Reviews in Food Science and Nutrition* 56, n.º 16 (9 de diciembre de 2016): 2695-2713, <https://doi.org/10.1080/10408398.2014.922042>.

Santos, Joseph Alvin R, Anthea Christoforou, Kathy Trieu, Briar L McKenzie, Shauna Downs, Laurent Billot, Jacqui Webster y Mu Li. «Iodine Fortification of Foods and Condiments, Other Than Salt, for Preventing Iodine Deficiency Disorders». *The Cochrane Database of Systematic Reviews* 2019, n.º 2 (12 de febrero de 2019): CD010734, <https://doi.org/10.1002/14651858.CD010734.pub2>.

Sato, Kohji. «Why Is Folate Effective in Preventing Neural Tube Closure Defects?» *Medical Hypotheses* 134 (enero de 2020): 109429, <https://doi.org/10.1016/j.mehy.2019.109429>.

Schiff, Hillary C., Joshua F. Kogan, Maria Isaac, Lindsey A. Czarnecki, Alfredo Fontanini y Arianna Maffei. «Experience-Dependent Plasticity of Gustatory Insular Cortex Circuits and Taste Preferences». *Science Advances* 9, n.º 2 (13 de enero de 2023): eade6561, <https://doi.org/10.1126/sciadv.ade6561>.

Suez, Jotham, Tal Korem, David Zeevi, Gili Zilberman-Schapira, Christoph A. Thaiss, Ori Maza, David Israeli, *et al.* «Artificial Sweeteners Induce Glucose Intolerance by Altering the Gut Microbiota». *Nature* 514, n.º 7521 (9 de octubre de 2014): 181-86, <https://doi.org/10.1038/nature13793>.

US Preventive Services Task Force, Michael J. Barry, Wanda K. Nicholson, Michael Silverstein, David Chelmow, Tumaini Rucker Coker, Esa M. Davis, *et al.* «Folic Acid Supplementation to Prevent Neural Tube Defects: US Preventive Services Task Force Reaffirmation Recommendation Statement». *JAMA* 330, n.º 5 (1 de agosto de 2023): 454-59, <https://doi.org/10.1001/jama.2023.12876>.

Wang, Jingyi, Junyu Tang, Shaolong Ruan, Ruiling Lv, Jianwei Zhou, Jinhu Tian, Huan Cheng, Enbo Xu y Donghong Liu. «A Comprehensive Review of Cereal Germ and Its Lipids: Chemical Composition, Multi-objective Process and Functional Application». *Food Chemistry* 362 (15 de noviembre de 2021): 130066, <https://doi.org/10.1016/j.foodchem.2021.130066>.

Wang, Zhibin, Wei Zhu, Yi Xing, Jianping Jia y Yi Tang. «B Vitamins and Prevention of Cognitive Decline and Incident Dementia: A Systematic Review and Meta-Analysis». *Nutrition Reviews* 80, n.º 4 (10 de marzo de 2022): 931-49, <https://doi.org/10.1093/nutrit/nuab057>.

Capítulo 17

Basso, Julia C. y Wendy A. Suzuki. «The Effects of Acute Exercise on Mood, Cognition, Neurophysiology, and Neurochemical Pathways: A Review». *Brain Plasticity* 2, n.º 2 (s. f.): 127-52, <https://doi.org/10.3233/BPL-160040>.

Björkholm, Carl y Lisa M. Monteggia. «BDNF - a Key Transducer of Antidepressant Effects». *Neuropharmacology* 102 (marzo de 2016): 72-79, <https://doi.org/10.1016/j.neuropharm.2015.10.034>.

Castrén, Eero y Lisa M. Monteggia. «Brain-Derived Neurotrophic Factor Signaling in Depression and Antidepressant Action». *Biological Psychiatry* 90, n.º 2 (15 de julio de 2021): 128-36, <https://doi.org/10.1016/j.biopsych.2021.05.008>.

De la Rosa, Adrián, Elisabeth Solana, Rubén Corpas, David Bartrés-Faz, Mercè Pallàs, Jose Vina, Coral Sanfeliu y Mari Carmen Gomez-Cabrera. «Long-Term Exercise Training Improves Memory in Middle-Aged Men and

Modulates Peripheral Levels of BDNF and Cathepsin B». *Scientific Reports* 9, n.º 1 (4 de marzo de 2019): 3337, <https://doi.org/10.1038/s41598-019-40040-8>.

Docherty, Sophie, Rachael Harley, Joseph J. McAuley, Lindsay A. N. Crowe, Carles Pedret, Paul D. Kirwan, Stefan Siebert y Neal L. Millar. «The Effect of Exercise on Cytokines: Implications for Musculoskeletal Health: A Narrative Review». *BMC Sports Science, Medicine and Rehabilitation* 14 (6 de enero de 2022): 5, <https://doi.org/10.1186/s13102-022-00397-2>.

Jemni, Monèm, Rashid Zaman, Frederick Robert Carrick, Neil David Clarke, Michel Marina, Lindsay Bottoms, Jagdeep Singh Matharoo, *et al.* «Exercise Improves Depression Through Positive Modulation of Brain-derived Neurotrophic Factor (BDNF). A Review Based on 100 Manuscripts over 20 Years». *Frontiers in Physiology* 14 (8 de marzo de 2023): 1102526, <https://doi.org/10.3389/fphys.2023.1102526>.

Kumar, Manish, Shobhit Srivastava y T. Muhammad. «Relationship between Physical Activity and Cognitive Functioning among Older Indian Adults». *Scientific Reports* 12, n.º 1 (17 de febrero de 2022): 2725, <https://doi.org/10.1038/s41598-022-06725-3>.

Marin Bosch, Blanca, Aurélien Bringard, Maria Grazia Logrieco, Estelle Lauer, Nathalie Imobersteg, Aurélien Thomas, Guido Ferretti, Sophie Schwartz y Kinga Igloi. «Effect of Acute Physical Exercise on Motor Sequence Memory». *Scientific Reports* 10, n.º 1 (18 de septiembre de 2020): 15322, <https://doi.org/10.1038/s41598-020-72108-1>.

Noetel, Michael, Taren Sanders, Daniel Gallardo-Gómez, Paul Taylor, Borja del Pozo Cruz, Daniel van den Hoek, Jordan J Smith, *et al.* «Effect of Exercise for Depression: Systematic Review and Network Meta-analysis of Randomised Controlled Trials». *The BMJ* 384 (14 de febrero de 2024): e075847, <https://doi.org/10.1136/bmj-2023-075847>.

Park, Jung Ha, Ji Hyun Moon, Hyeon Ju Kim, Mi Hee Kong y Yun Hwan Oh. «Sedentary Lifestyle: Overview of Updated Evidence of Potential Health Risks». *Korean Journal of Family Medicine* 41, n.º 6 (noviembre de 2020): 365-73, <https://doi.org/10.4082/kjfm.20.0165>.

Van Dongen, Eelco V., Ingrid H. P. Kersten, Isabella C. Wagner, Richard G. M. Morris y Guillén Fernández. «Physical Exercise Performed Four Hours after Learning Improves Memory Retention and Increases Hippocampal Pattern Similarity during Retrieval». *Current Biology* 26, n.º 13 (11 de julio de 2016): 1722-27, <https://doi.org/10.1016/j.cub.2016.04.071>.

World Health Organization, «Physical Inactivity a Leading Cause of Disease and Disability, Warns WHO». Accedido 7 de abril de 2024, <https://www.who.int/news/item/04-04-2002-physical-inactivity-a-leading-cause-of-disease-and-disability-warns-who>.

Capítulo 18

Adams, Cameron, Ali Manouchehrinia, Hong L. Quach, Diana L. Quach, Tomas Olsson, Ingrid Kockum, Catherine Schaefer, Chris P. Ponting, Lars Alfredsson y Lisa F. Barcellos. «Evidence Supports a Causal Association between Allele-Specific Vitamin D Receptor Binding and Multiple Sclerosis among Europeans». *Proceedings of the National Academy of Sciences of the United States of America* 121, n.º 8 (20 de febrero de 2024): e2302259121, <https://doi.org/10.1073/pnas.2302259121>.

Bilu, Carmel, Haim Einat, Paul Zimmet, Vicktoria Vishnevskia-Dai y Noga Kronfeld-Schor. «Beneficial Effects of

Daytime High-Intensity Light Exposure on Daily Rhythms, Metabolic State and Affect». *Scientific Reports* 10, n.º 1 (13 de noviembre de 2020): 19782, <https://doi.org/10.1038/s41598-020-76636-8>.

Campbell, Philip D., Ann M. Miller y Mary E. Woesner. «Bright Light Therapy: Seasonal Affective Disorder and Beyond». *The Einstein Journal of Biology and Medicine: EJBM* 32 (2017): E13-25.

Didikoglu, Altug, Navid Mohammadian, Sheena Johnson, Martie van Tongeren, Paul Wright, Alexander J. Casson, Timothy M. Brown y Robert J. Lucas. «Associations Between Light Exposure and Sleep Timing and Sleepiness While Awake in a Sample of UK Adults in Everyday Life». *Proceedings of the National Academy of Sciences of the United States of America* 120, n.º 42 (s. f.): e2301608120, <https://doi.org/10.1073/pnas.2301608120>.

Gascón, Mireia, Margarita Triguero-Mas, David Martínez, Payam Dadvand, David Rojas-Rueda, Antoni Plasència y Mark J. Nieuwenhuijsen. «Residential Green Spaces and Mortality: A Systematic Review». *Environment International* 86 (1 de enero de 2016): 60-6, < https://doi.org/10.1016/j.envint.2015.10.013>.

Georgiou, Michail, Gordon Morison, Niamh Smith, Zoë Tieges y Sebastien Chastin. «Mechanisms of Impact of Blue Spaces on Human Health: A Systematic Literature Review and Meta-Analysis». *International Journal of Environmental Research and Public Health* 18, n.º 5 (3 de marzo de 2021): 2486, <https://doi.org/10.3390/ijerph18052486>.

Golden, Robert N., Bradley N. Gaynes, R. David Ekstrom, Robert M. Hamer, Frederick M. Jacobsen, Trisha Suppes, Katherine L. Wisner y Charles B. Nemeroff. «The Efficacy of Light Therapy in the Treatment of Mood Disorders: A Review and Meta-Analysis of the Evidence».

The American Journal of Psychiatry 162, n.º 4 (abril de 2005): 656-62, <https://doi.org/10.1176/appi.ajp.162.4.656>.

Gooley, Joshua J., Kyle Chamberlain, Kurt A. Smith, Sat Bir S. Khalsa, Shantha M. W. Rajaratnam, Eliza Van Reen, Jamie M. Zeitzer, Charles A. Czeisler y Steven W. Lockley. «Exposure to Room Light before Bedtime Suppresses Melatonin Onset and Shortens Melatonin Duration in Humans». *The Journal of Clinical Endocrinology and Metabolism* 96, n.º 3 (marzo de 2011): E463-472, <https://doi.org/10.1210/jc.2010-2098>.

Hartig, Terry y Peter H. Kahn. «Living in cities, naturally». *Science* 352, n.º 6288 (20 de mayo de 2016): 938-40, <https://doi.org/10.1126/science.aaf3759>.

He, Meiheng, Taotao Ru, Siyu Li, Yun Li y Guofu Zhou. «Shine Light on Sleep: Morning Bright Light Improves Nocturnal Sleep and next Morning Alertness among College Students». *Journal of Sleep Research* 32, n.º 2 (abril de 2023): e13724, <https://doi.org/10.1111/jsr.13724>.

Kupferschmidt, Kai. «Uncertain Verdict as Vitamin D Goes On Trial». *Science* 337, n.º 6101 (21 de septiembre de 2012): 1476-78, <https://doi.org/10.1126/science.337.6101.1476>.

Nejade, Rachel M, Daniel Grace y Leigh R Bowman. «What Is the Impact of Nature on Human Health? A Scoping Review of the Literature». *Journal of Global Health* 12 (s. f.): 04099, <https://doi.org/10.7189/jogh.12.04099>.

«Radiation: The Known Health Effects of Ultraviolet Radiation». Accedido 7 de abril de 2024, <https://www.who.int/news-room/questions-and-answers/item/radiation-the-known-health-effects-of-ultraviolet-radiation>.

Rebelos, Eleni, Nikolaos Tentolouris y Edward Jude. «The Role of Vitamin D in Health and Disease: A Narrative Review on the Mechanisms Linking Vitamin D with Disease and the Effects of Supplementation». *Drugs* 83, n.º 8 (2023): 665-85, <https://doi.org/10.1007/s40265-023-01875-8>.

— «The Role of Vitamin D in Health and Disease: A Narrative Review on the Mechanisms Linking Vitamin D with Disease and the Effects of Supplementation». *Drugs* 83, n.º 8 (junio de 2023): 665-85, <https://doi.org/10.1007/s40265-023-01875-8>.

Shanahan, Danielle F., Robert Bush, Kevin J. Gaston, Brenda B. Lin, Julie Dean, Elizabeth Barber y Richard A. Fuller. «Health Benefits from Nature Experiences Depend on Dose». *Scientific Reports* 6, n.º 1 (23 de junio de 2016): 28551, <https://doi.org/10.1038/srep28551>.

Sintzel, Martina B., Mark Rametta y Anthony T. Reder. «Vitamin D and Multiple Sclerosis: A Comprehensive Review». *Neurology and Therapy* 7, n.º 1 (14 de diciembre de 2017): 59-85, <https://doi.org/10.1007/s40120-017-0086-4>.

«Vitamin D Supplementation for Infants». Accedido 7 de abril de 2024, <https://www.who.int/tools/elena/bbc/vitamind-infants>.

Wacker, Matthias y Michael F. Holick. «Sunlight and Vitamin D». *Dermato-endocrinology* 5, n.º 1 (1 de enero de 2013): 51-108, <https://doi.org/10.4161/derm.24494>.

Walker, William H., James C. Walton, A. Courtney DeVries y Randy J. Nelson. «Circadian Rhythm Disruption and Mental Health». *Translational Psychiatry* 10, n.º 1 (23 de enero de 2020): 28, <https://doi.org/10.1038/s41398-020-0694-0>.

Wang, Weixia, Yijin Li y Xianfang Meng. «Vitamin D and neurodegenerative diseases». *Heliyon* 9, n.º 1 (1 de enero de 2023): e12877, <https://doi.org/10.1016/j.heliyon.2023.e12877>.

White, Mathew P., Ian Alcock, James Grellier, Benedict W.

Wheeler, Terry Hartig, Sara L. Warber, Angie Bone, Michael H. Depledge y Lora E. Fleming. «Spending at Least 120 Minutes a Week in Nature Is Associated with Good Health and Wellbeing». *Scientific Reports* 9, n.º 1 (13 de junio de 2019): 7730, <https://doi.org/10.1038/s41598-019-44097-3>.

Wrzosek, Małgorzata, Jacek Łukaszkiewicz, Michał Wrzosek, Andrzej Jakubczyk, Halina Matsumoto, Paweł Piątkiewicz, Maria Radziwoń-Zaleska, Marcin Wojnar y Grażyna Nowicka. «Vitamin D and the Central Nervous System». *Pharmacological Reports: PR* 65, n.º 2 (2013): 271-78, <https://doi.org/10.1016/s1734-1140(13)71003-x>.

Yao, Lihua, Nan Zhang, Simeng Ma, Xin-hui Xie, Shuxian Xu, Dan Xiang, Lijun Kang, Mian-mian Chen, Peilin Wang y Zhongchun Liu. «The Relationship between Vitamin D Levels in Seasonal Variations and Chinese Patients with Firstepisode Drug-naive Depression». *Journal of Psychosomatic Research* 164 (1 de enero de 2023): 111079, <https://doi.org/10.1016/j.jpsychores.2022.111079>.

Capítulo 19

Bryant, Gregory A., Daniel M. T. Fessler, Riccardo Fusaroli, Edward Clint, Lene Aarøe, Coren L. Apicella, Michael Bang Petersen, *et al.* «Detecting Affiliation in Colaughter Across 24 Societies». *Proceedings of the National Academy of Sciences of the United States of America* 113, n.º 17 (26 de abril de 2016): 4682-87, <https://doi.org/10.1073/pnas.1524993113>.

Dantzer, Robert, Sheldon Cohen, Scott J. Russo y Timothy G. Dinan. «Resilience and Immunity». *Brain, Behavior, and Immunity* 74 (1 de noviembre de 2018): 28-42, <https://doi.org/10.1016/j.bbi.2018.08.010>.

BIBLIOGRAFÍA

Dunbar, R. I. M. «Laughter and Its Role in the Evolution of Human Social Bonding». *Philosophical Transactions of the Royal Society of Londres. Series B, Biological Sciences* 377, n.º 1863 (7 de noviembre de 2022): 20210176, <https://doi.org/10.1098/rstb.2021.0176>.

Gračanin, Asmir, Lauren Bylsma y Ad Vingerhoets. «Why Only Humans Shed Emotional Tears: Evolutionary and Cultural Perspectives». *Human Nature* 29 (20 de marzo de 2018), <https://doi.org/10.1007/s12110-018-9312-8>.

Hannibal, Kara E. y Mark D. Bishop. «Chronic Stress, Cortisol Dysfunction, and Pain: A Psychoneuroendocrine Rationale for Stress Management in Pain Rehabilitation». *Physical Therapy* 94, n.º 12 (diciembre de 2014): 1816-25, <https://doi.org/10.2522/ptj.20130597>.

Holt-Lunstad, Julianne, Timothy B. Smith y J. Bradley Layton. «Social Relationships and Mortality Risk: A Meta-Analytic Review». *PLoS Medicine* 7, n.º 7 (27 de julio de 2010): e1000316, <https://doi.org/10.1371/journal.pmed.1000316>.

Kafle, Eshika, Cat Papastavrou Brooks, Dave Chawner, Una Foye, Dieter Declercq y Helen Brooks. «"Beyond Laughter": A Systematic Review to Understand How Interventions Utilise Comedy for Individuals Experiencing Mental Health Problems». *Frontiers in Psychology* 14 (7 de agosto de 2023): 1161703, <https://doi.org/10.3389/fpsyg.2023.1161703>.

Kramer, Caroline Kaercher y Cristiane Bauermann Leitao. «Laughter As Medicine: A Systematic Review and Metaanalysis of Interventional Studies Evaluating the Impact of Spontaneous Laughter on Cortisol Levels». *PLOS ONE* 18, n.º 5 (23 de mayo de 2023): e0286260, <https://doi.org/10.1371/journal.pone.0286260>.

Martino, Jessica, Jennifer Pegg y Elizabeth Pegg Frates.

«The Connection Prescription: Using the Power of Social Interactions and the Deep Desire for Connectedness to Empower Health and Wellness». *American Journal of Lifestyle Medicine* 11, n.º 6 (7 de octubre de 2015): 466-75, <https://doi.org/10.1177/1559827615608788>.

Spreng, R. Nathan, Emile Dimas, Laetitia Mwilambwe-Tshilobo, Alain Dagher, Philipp Koellinger, Gideon Nave, Anthony Ong, *et al.* «The Default Network of the Human Brain Is Associated with Perceived Social Isolation». *Nature Communications* 11, n.º 1 (15 de diciembre de 2020): 6393, <https://doi.org/10.1038/s41467-020-20039-w>.

Uchino, Bert N. «Social Support and Health: A Review of Physiological Processes Potentially Underlying Links to Disease Outcomes». *Journal of Behavioral Medicine* 29, n.º 4 (agosto de 2006): 377-87, <https://doi.org/10.1007/s10865-006-9056-5>.

Warneken, Felix y Michael Tomasello. «The Roots of Human Altruism». *British Journal of Psychology (Londres, Inglaterra: 1953)* 100, n.º Pt 3 (agosto de 2009): 455-71, <https://doi.org/10.1348/000712608X379061>.

Zander-Schellenberg, Thea, Isabella Mutschler Collins, Marcel Miché, Camille Guttmann, Roselind Lieb y Karina Wahl. «Does Laughing Have a Stress-Buffering Effect in Daily Life? An Intensive Longitudinal Study». *PloS One* 15, n.º 7 (2020): e0235851, <https://doi.org/10.1371/journal.pone.0235851>.

Capítulo 20

Baquero-Tomás, Marina, M.ª Dolores Grau, Adoración-Reyes Moliner y Alejandro Sanchis-Sanchis. «Meaning in Life as a Protective Factor against Depression». *Frontiers in Psychology* 14 (2023): 1180082, <https://doi.org/10.3389/fpsyg.2023.1180082>.

BIBLIOGRAFÍA

Carreño, David F. «¿Cómo damos sentido a nuestras vidas?» *The Conversation*, 24 de enero de 2023, <http://theconversation.com/como-damos-sentido-a-nuestras-vidas-197118>.

Chen, Wen G., Dana Schloesser, Angela M. Arensdorf, Janine M. Simmons, Changhai Cui, Rita Valentino, James W. Gnadt, *et al.* «The Emerging Science of Interoception: Sensing, Integrating, Interpreting, and Regulating Signals within the Self». *Trends in neurosciences* 44, n.º 1 (enero de 2021): 3-16, <https://doi.org/10.1016/j.tins.2020.10.007>.

Cuijpers, Pim, Mirjam Reijnders y Marcus J. H. Huibers. «The Role of Common Factors in Psychotherapy Outcomes». *Annual Review of Clinical Psychology* 15, volumen 15, 2019 (7 de mayo de 2019): 207-31, <https://doi.org/10.1146/annurev-clinpsy-050718-095424>.

Farias, M., E. Maraldi, K. C. Wallenkampf y G. Lucchetti. «Adverse Events in Meditation Practices and Meditation-Based Therapies: A Systematic Review». *Acta Psychiatrica Scandinavica* 142, n.º 5 (2020): 374-93, <https://doi.org/10.1111/acps.13225>.

Finney, Montenique L., Catherine M. Stoney y Tilmer O. Engebretson. «Hostility and Anger Expression in African American and European American Men Is Associated with Cardiovascular and Lipid Reactivity». *Psychophysiology* 39, n.º 3 (2002): 340-49, <https://doi.org/10.1017/S0048577201393101>.

Guendelman, Simón, Sebastián Medeiros y Hagen Rampes. «Mindfulness and Emotion Regulation: Insights from Neurobiological, Psychological, and Clinical Studies». *Frontiers in Psychology* 8 (6 de marzo de 2017): 220, <https://doi.org/10.3389/fpsyg.2017.00220>.

Herren, Olga M., Tanya Agurs-Collins, Laura A. Dwyer, Frank M. Perna y Rebecca Ferrer. «Emotion Suppression, Coping Strategies, Dietary Patterns, and BMI». *Eating behaviors* 41 (22 de marzo de 2021): 101500, <https://doi.org/10.1016/j.eatbeh.2021.101500>.

Hu, Tianqiang, Dajun Zhang, Jinliang Wang, Ritesh Mistry, Guangming Ran y Xinqiang Wang. «Relation between Emotion Regulation and Mental Health: A Meta-Analysis Review». *Psychological Reports* 114, n.º 2 (abril de 2014): 341-62, <https://doi.org/10.2466/03.20.PR0.114k22w4>.

Isaksson, Johan, Janina Neufeld y Sven Bölte. «What's the Link Between Theory of Mind and Other Cognitive Abilities – A Co-twin Control Design of Neurodevelopmental Disorders». *Frontiers in Psychology* 12 (8 de junio de 2021): 575100, <https://doi.org/10.3389/fpsyg.2021.575100>.

Kim, Jinhyung, Patricia Holte, Frank Martela, Colin Shanahan, Zhanhong Li, Hong Zhang, Nikolett Eisenbeck, David F. Carreno, Rebecca J. Schlegel y Joshua A. Hicks. «Experiential Appreciation as a Pathway to Meaning in Life». *Nature Human Behaviour* 6, n.º 5 (mayo de 2022): 677-90, <https://doi.org/10.1038/s41562-021-01283-6>.

Larsson, Johannes, Johan Bjureberg, Xiang Zhao y Hugo Hesser. «The Inner Workings of Anger: A Network Analysis of Anger and Emotion Regulation». *Journal of Clinical Psychology* 80, n.º 2 (2024): 437-55, <https://doi.org/10.1002/jclp.23622>.

Li, Zhihong, Wenru Shang, Caiyun Wang, Kehu Yang y Juanmei Guo. «Characteristics and Trends in Acceptance and Commitment Therapy Research: A Bibliometric Analysis». *Frontiers in Psychology* 13 (14 de noviembre de 2022): 980848, <https://doi.org/10.3389/fpsyg.2022.980848>.

Nummenmaa, Lauri, Enrico Glerean, Riitta Hari y Jari Hietanen. «Bodily Maps of Emotions». *Proceedings of the*

National Academy of Sciences of the United States of America 111 (30 de diciembre de 2013), <https://doi.org/10.1073/pnas.1321664111>.

Ong, Elsie y Catherine Thompson. «The Importance of Coping and Emotion Regulation in the Occurrence of Suicidal Behavior». *Psychological Reports* 122, n.º 4 (agosto de 2019): 1192-1210, <https://doi.org/10.1177/0033294118781855>.

Paley, Blair y Nastassia J. Hajal. «Conceptualizing Emotion Regulation and Coregulation as Family-Level Phenomena». *Clinical Child and Family Psychology Review* 25, n.º 1 (2022): 19-43, <https://doi.org/10.1007/s10567-022-00378-4>.

Sankar, Anjali, Alice Melin, Valentina Lorenzetti, Paul Horton, Sergi G. Costafreda y Cynthia H. Y. Fu. «A Systematic Review and Meta-analysis of the Neural Correlates of Psychological Therapies in Major Depression». *Psychiatry Research: Neuroimaging* 279 (30 de septiembre de 2018): 31-39, <https://doi.org/10.1016/j.pscychresns.2018.07.002>.

Schaefer, Johanna, Eva Naumann, Emily Holmes, Brunna Tuschen-Caffier y Andrea Samson. «Emotion Regulation Strategies in Depressive and Anxiety Symptoms in Youth: A Meta-Analytic Review». *Journal of Youth and Adolescence* 46 (1 de febrero de 2017), <https://doi.org/10.1007/s10964-016-0585-0>.

Schäfer, Johanna Özlem, Eva Naumann, Emily Alexandra Holmes, Brunna Tuschen-Caffier y Andrea Christiane Samson. «Emotion Regulation Strategies in Depressive and Anxiety Symptoms in Youth: A Meta-Analytic Review». *Journal of Youth and Adolescence* 46, n.º 2 (febrero de 2017): 261-76, <https://doi.org/10.1007/s10964-016-0585-0>.

Schrammen, Elisabeth, Kati Roesmann, David Rosenbaum, Ronny Redlich, Jana Harenbrock, Udo Dannlowski y

Elisabeth J. Leehr. «Functional Neural Changes Associated with Psychotherapy in Anxiety Disorders – A Metaanalysis of Longitudinal fMRI Studies». *Neuroscience & Biobehavioral Reviews* 142 (1 de noviembre de 2022): 104895, <https://doi.org/10.1016/j.neubiorev.2022.104895>.

Seidel, Maria, Joseph A. King, Franziska Ritschel, Ilka Boehm, Daniel Geisler, Fabio Bernardoni, Larissa Holzapfel, *et al.* «The Real-Life Costs of Emotion Regulation in Anorexia Nervosa: A Combined Ecological Momentary Assessment and fMRI Study». *Translational Psychiatry* 8, n.º 1 (24 de enero de 2018): 1-11, <https://doi.org/10.1038/s41398-017-0004-7>.

Singer, Tania y Olga M. Klimecki. «Empathy and Compassion». *Current Biology* 24, n.º 18 (22 de septiembre de 2014): R875-78, <https://doi.org/10.1016/j.cub.2014.06.054>.

Stellern, Jordan, Ke Bin Xiao, Erin Grennell, Marcos Sanches, Joshua L. Gowin, y Matthew E. Sloan. «Emotion Regulation in Substance Use Disorders: a Systematic Review and Meta-analysis». *Addiction (Abingdon, England)* 118, n.º 1 (enero de 2023): 30-47, <https://doi.org/10.1111/add.16001>.

Suh, Hyo-Weon, Ki-Beom Lee, Sun-Yong Chung, Minjung Park, Bo-Hyoung Jang y Jong Woo Kim. «How Suppressed Anger Can Become an Illness: A Qualitative Systematic Review of the Experiences and Perspectives of Hwabyung Patients in Korea». *Frontiers in Psychiatry* 12 (28 de mayo de 2021): 637029, <https://doi.org/10.3389/fpsyt.2021.637029>.

Tang, Yi-Yuan, Britta K. Hölzel y Michael I. Posner. «The Neuroscience of Mindfulness Meditation». *Nature Reviews Neuroscience* 16, n.º 4 (abril de 2015): 213-25, <https://doi.org/10.1038/nrn3916>.

Capítulo 21

Babad, Elisha, Frank Bernieri y Robert Rosenthal. «Nonverbal Communication and Leakage in the Behavior of Biased and Unbiased Teachers». *Journal of Personality and Social Psychology* 56, n.º 1 (1989): 89-94, <https://doi.org/10.1037/0022-3514.56.1.89>.

Bangert, Marc y Gottfried Schlaug. «Specialization of the Specialized in Features of External Human Brain Morphology». *The European Journal of Neuroscience* 24, n.º 6 (septiembre de 2006): 1832-34, <https://doi.org/10.1111/j.1460-9568.2006.05031.x>.

Draganski, Bogdan, Christian Gaser, Volker Busch, Gerhard Schuierer, Ulrich Bogdahn y Arne May. «Changes in Grey Matter Induced by Training». *Nature* 427, n.º 6972 (enero de 2004): 311-12, <https://doi.org/10.1038/427311a>.

Elbert, Thomas, Christo Pantev, Christian Wienbruch, Brigitte Rockstroh y Edward Taub. «Increased Cortical Representation of the Fingers of the Left Hand in String Players». *Science* (Nueva York, N. Y.) 270, n.º 5234 (13 de octubre de 1995): 305-7, <https://doi.org/10.1126/science.270.5234.305>.

Gardner, Benjamin, Phillippa Lally y Jane Wardle. «Making Health Habitual: the Psychology of 'Habit-formation' and General Practice». *The British Journal of General Practice* 62, n.º 605 (diciembre de 2012): 664-66, <https://doi.org/10.3399/bjgp12X659466>.

Hänggi, Jürgen, Karin Brütsch, Adrian M. Siegel, y Lutz Jäncke. «The Architecture of the Chess Player's Brain». *Neuropsychologia* 62 (septiembre de 2014): 152-62, <https://doi.org/10.1016/j.neuropsychologia.2014.07.019>.

Jeynes, William H. «A Meta-Analysis: The Relationship Between the Parental Expectations Component of Parental Involvement with Students' Academic Achievement». *Urban Education* 59, n.º 1 (1 de enero de 2024): 63-95, <https://doi.org/10.1177/00420859211073892>.

Kidd, Celeste y Benjamin Y. Hayden. «The psychology and neuroscience of curiosity». *Neuron* 88, n.º 3 (4 de noviembre de 2015): 449-60, <https://doi.org/10.1016/j.neuron.2015.09.010>.

Lally, Phillippa, Cornelia Jaarsveld, Henry Potts y Jane Wardle. «How are habits formed: Modeling habit formation in the real world». *European Journal of Social Psychology* 40 (1 de octubre de 2010), <https://doi.org/10.1002/ejsp.674>.

Linden, Dimitri van der, Mattie Tops y Arnold B. Bakker. «Go with the flow: A neuroscientific view on being fully engaged». *The European Journal of Neuroscience* 53, n.º 4 (febrero de 2021): 947-63, <https://doi.org/10.1111/ejn.15014>.

Maguire, Eleanor A., David G. Gadian, Ingrid S. Johnsrude, Catriona D. Good, John Ashburner, Richard S. Frackowiak y Christopher D. Frith. «Navigation-Related Structural Change in the Hippocampi of Taxi Drivers». *Proceedings of the National Academy of Sciences of the United States of America* 97, n.º 8 (11 de abril de 2000): 4398-4403, <https://doi.org/10.1073/pnas.070039597>.

Maguire, Eleanor A., Katherine Woollett y Hugo J. Spiers. «London Taxi Drivers and Bus Drivers: A Structural MRI and Neuropsychological Analysis». *Hippocampus* 16, n.º 12 (2006): 1091-1101 <https://doi.org/10.1002/hipo.20233>.

Ripollés, Pablo, Josep Marco-Pallarés, Ulrike Hielscher, Anna Mestres-Missé, Claus Tempelmann, Hans-Jochen Heinze, Antoni Rodríguez-Fornells y Toemme Noesselt. «The Role of Reward in Word Learning and Its Implications for Language Acquisition». *Current Biology: CB*

24, n.º 21 (3 de noviembre de 2014): 2606-11, <https://doi.org/10.1016/j.cub.2014.09.044>.

Ryan, Richard M. y Edward L. Deci. «Self-Determination Theory and the Facilitation of Intrinsic Motivation, Social Development, and Well-Being». *The American Psychologist* 55, n.º 1 (enero de 2000): 68-78, <https://doi.org/10.1037//0003-066x.55.1.68>.

Siekanska, Małgorzata, Jan Blecharz y Agnieszka Wojtowicz. «The Athlete's Perception of Coaches' Behavior Towards Competitors with a Different Sports Level». *Journal of Human Kinetics* 39 (31 de diciembre de 2013): 231-42, <https://pubmed.ncbi.nlm.nih.gov/24511359/>.

Ten, Alexandr, Pramod Kaushik, Pierre-Yves Oudeyer y Jacqueline Gottlieb. «Humans Monitor Learning Progress in Curiosity-driven Exploration». *Nature Communications* 12 (13 de octubre de 2021): 5972, <https://doi.org/10.1038/s41467-021-26196-w>.

Timmermans, Anneke C., Christine M. Rubie-Davies y Camilla Rjosk. «Pygmalion's 50th Anniversary: the State of the Art in Teacher Expectation Research». *Educational Research and Evaluation* 24, n.º 3-5 (3 de abril de 2018): 91-98, <https://doi.org/10.1080/13803611.2018.1548785>.

Veestraeten, Marlies, Stefanie K. Johnson, Hannes Leroy, Thomas Sy y Luc Sels. «Exploring the Bounds of Pygmalion Effects: Congruence of Implicit Followership Theories Drives and Binds Leader Performance Expectations and Follower Work Engagement». *Journal of Leadership & Organizational Studies* 28, n.º 2 (1 de mayo de 2021): 137-53, <https://doi.org/10.1177/1548051820980428>.

Woollett, Katherine y Eleanor A. Maguire. «Acquiring "the Knowledge" of London's Layout Drives Structural Brain Changes». *Current Biology* 21, n.º 24-2 (20 de diciembre de 2011): 2109-14, <https://doi.org/10.1016/j.cub.2011.11.018>.

Capítulo 22

Boyadzhieva, Asena y Ezgi Kayhan. «Keeping the Breath in Mind: Respiration, Neural Oscillations, and the Free Energy Principle». *Frontiers in Neuroscience* 15 (29 de junio de 2021): 647579, <https://doi.org/10.3389/fnins.2021.647579>.

Gray, Marcus A., Peter Taggart, Peter M. Sutton, David Groves, Diana R. Holdright, David Bradbury, David Brull y Hugo D. Critchley. «A Cortical Potential Reflecting Cardiac Function». *Proceedings of the National Academy of Sciences of the United States of America* 104, n.º 16 (17 de abril de 2007): 6818-23, <https://doi.org/10.1073/pnas.0609509104>.

Heck, Detlef H., Samuel S. McAfee, Yu Liu, Abbas Babajani-Feremi, Roozbeh Rezaie, Walter J. Freeman, James W. Wheless, *et al.* «Breathing as a Fundamental Rhythm of Brain Function». *Frontiers in Neural Circuits* 10 (12 de enero de 2017): 115, <https://doi.org/10.3389/fncir.2016.00115>.

Herrero, Jose L., Simon Khuvis, Erin Yeagle, Moran Cerf y Ashesh D. Mehta. «Breathing above the Brain Stem: Volitional Control and Attentional Modulation in Humans». *Journal of Neurophysiology* 119, n.º 1 (1 de enero de 2018): 145-59, <https://doi.org/10.1152/jn.00551.2017>.

Novaes, Morgana M., Fernanda Palhano-Fontes, Heloisa Onias, Katia C. Andrade, Bruno Lobão-Soares, Tiago Arruda-Sanchez, Elisa H. Kozasa, Danilo F. Santaella y Draulio Barros de Araujo. «Effects of Yoga Respiratory Practice (Bhastrika pranayama) on Anxiety, Affect, and

Brain Functional Connectivity and Activity: A Randomized Controlled Trial». *Frontiers in Psychiatry* 11 (21 de mayo de 2020): 467, <https://doi.org/10.3389/fpsyt.2020.00467>.

Park, Hyeong-Dong, Stéphanie Correia, Antoine Ducorps y Catherine Tallon-Baudry. «Spontaneous Fluctuations in Neural Responses to Heartbeats Predict Visual Detection». *Nature Neuroscience* 17, n.º 4 (abril de 2014): 612-18, <https://doi.org/10.1038/nn.3671>.

Capítulo 23

Hahn, Robert A. «What Is a Social Determinant of Health? Back to Basics». *Journal of Public Health Research* 10, n.º 4 (10 de octubre de 2021), <https://doi.org/10.4081/jphr.2021.2324>.

Kirkbride, James B., Deidre M. Anglin, Ian Colman, Jennifer Dykxhoorn, Peter B. Jones, Praveetha Patalay, Alexandra Pitman, *et al.* «The Social Determinants of Mental Health and Disorder: Evidence, Prevention and Recommendations». *World Psychiatry* 23, n.º 1 (febrero de 2024): 58-90, <https://doi.org/10.1002/wps.21160>.

«Para viajar lejos no hay mejor nave que un libro».
Emily Dickinson

Gracias por tu lectura de este libro.

En **penguinlibros.club** encontrarás las mejores recomendaciones de lectura.

Únete a nuestra comunidad y viaja con nosotros.

penguinlibros.club